MINISTÈRE DE LA JUSTICE

Guide des droits des victimes

PRÉFACE
DE ROBERT BADINTER
GARDE DES SCEAUX
MINISTRE DE LA JUSTICE

Dessins
de Jean-Marie Fourquet

ÉDITIONS GALLIMARD

Sommaire

3e PARTIE

Pour faire valoir vos droits, lisez les chapitres :

4e PARTIE

Annexes :

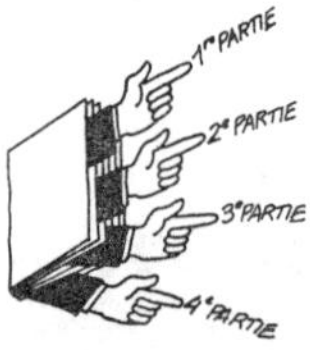

Préface

La volonté d'améliorer la condition des victimes est au cœur de notre politique judiciaire. Ce progrès, il faut l'inscrire dans les faits plutôt que dans les discours. Rien n'est plus choquant que l'exploitation du malheur des victimes à des fins politiques ou d'ambition personnelle. La cause des victimes est une cause nationale et qui doit être soutenue comme telle.

Pour être efficace, cette action au profit des victimes doit s'inscrire dans une triple direction : Prévenir, réparer, informer.

PRÉVENIR

Réduire le nombre des victimes, tel est le premier impératif. A ce résultat conduit la prévention de la délinquance. Qu'un adolescent échappe à la délinquance grâce à l'action d'éducateurs, qu'un libéré échappe à la récidive grâce à l'aide d'un comité de probation, et des victimes éventuelles seront épargnées. En justice tout est lié. La politique de prévention est aussi une politique de protection des victimes.

RÉPARER :

La sanction du coupable n'entraîne pas nécessairement la réparation due à la victime. Il faut donc y veiller.

Pour assurer cette réparation, nous avons étendu les droits de la victime, et accru de 10 % le montant de l'indemnité à laquelle ont droit les victimes les plus démunies.

Pour favoriser la mise en œuvre de leurs droits, nous avons élevé de 33 % le seuil de ressources qui permet d'accéder à l'aide judiciaire.

Pour garantir l'exercice de leurs droits, nous avons fait en sorte que les sommes qui reviennent aux victimes sur le pécule des détenus leur soient effectivement versées et non plus rendues aux coupables lors de leur libération, comme il advenait trop souvent jusque-là.

Nous n'en resterons pas là : le nouveau code pénal prendra plus largement en compte l'obligation de réparer le préjudice. Et les droits des victimes seront accrus devant le tribunal de l'exécution des peines, qui sera prochainement instauré.

L'accueil des victimes est en voie d'amélioration. Des mesures d'assistance immédiate seront généralisées, afin que la victime n'éprouve plus le sentiment d'être, parfois, étrangère à son procès. En un mot, il faut veiller à humaniser toujours plus la justice quand elle se penche sur le sort des victimes. Car il n'est de bonne justice que celle qui se soucie d'abord des femmes et des hommes dont elle doit connaître.

INFORMER :

Sans information, les victimes sont souvent désarmées. Sans doute les avocats ont pour mission de défendre les victimes. Mais nombreux sont les justiciables qui n'osent pas aller jusqu'à eux, et pour lesquels toute approche de la justice apparaît comme une entreprise difficile, voire impossible.

Aider les victimes à découvrir leurs droits et à les mettre en œuvre est donc la seule ambition de ce guide. Puisse-t-il ouvrir plus largement la voie de la justice aux victimes, afin qu'elle soit à leur égard toujours plus efficace et plus humaine.

Je voudrais remercier à cet égard les services de la Chancel-

lerie qui ont permis de le réaliser, ainsi que, et plus particulièrement, Mmes Martine Denis-Linton, chef de cabinet, Simone Souchi, conseillère technique, et M. François Binet, avocat, sans le concours désintéressé desquels ce guide dédié aux victimes n'aurait pas vu le jour.

ROBERT BADINTER

Quelques conseils aux victimes d'infractions

Ce guide s'adresse d'abord à toutes celles et à tous ceux qui ont été victimes d'une infraction *, qu'ils aient été atteints dans leur corps, leur honneur ou leurs biens. Mais cet ouvrage s'adresse aussi à toutes celles et ceux, conjoints, ascendants ou descendants, parents, de la victime elle-même, d'autres encore qu'atteint le malheur de l'être cher personnellement frappé et auxquels les tribunaux reconnaissent justement la qualité de victime.

Sans doute les proches doivent-ils justifier de la réalité du préjudice * qu'ils invoquent. Mais sous cette réserve, comment, dès l'instant où, même indirectement, le crime * ou le délit * les atteint, leur refuser réparation et les rejeter du cercle des victimes. Vaste cercle, hélas, puisque si 1 Français sur 26700 risque d'être victime d'un meurtre, par contre 1 Français sur 155 peut l'être d'un accident de la route et 1 sur 160, d'un chèque sans provision.

C'est assez dire que nombre de lecteurs de ce guide risquent d'être victimes de l'une de ces infractions *.

Pour limiter le préjudice et faciliter l'indemnisation *, prenez des mesures élémentaires :

1°) Constituez des dossiers complets, vous serez mieux et plus vite indemnisé (voir p. 52, 246, 253).

2°) Gardez des traces de vos actes : factures, photocopies, lettres, etc., par exemple : prenez toujours la précaution d'envoyer votre courrier en recommandé avec accusé de réception ; vous renforcez ainsi vos moyens de preuve et limiterez les risques de contestation ultérieure.

3°) Prenez le temps de la réflexion et celui de demander conseil avant de signer un document de quelque importance ou de vous engager dans une procédure *.

4°) Ne laissez pas passer les délais pour agir (voir chapitre « La prescription », p. 217).

5°) Demandez à tout auxiliaire de justice * de vous préciser le montant global des frais ou honoraires.

6°) N'hésitez pas à demander conseil, dès le moment où vous avez été victime d'une infraction et tout au long de la procédure :
- soit à un avocat, à un conseil juridique, à un notaire,
- soit aux autorités de police ou de justice,
- soit à une personne compétente (selon le cas) :
  - assistante sociale,
  - services de la mairie,
  - assureur,
  - justice accueil,
  - inspection du travail,
  - juge des enfants,

  etc...

Voir liste d'adresses p. 283.

Pour qui, pourquoi ce guide et comment s'en servir ?

Ce guide s'adresse à toutes les victimes d'infractions pénales * et d'accidents. Il a pour but de les aider à faire valoir leurs droits, en leur expliquant d'une façon simple et claire :

— la nature, l'étendue et la durée,

— la manière de les faire prendre de ces droits en considération pour obtenir une juste réparation des dommages subis.

La présentation du guide répond à ce double objectif :

Vous y trouverez :

---

*Composé en caractère italique le texte qu'il est indispensable de lire pour avancer dans le labyrinthe qui vous conduira au but : réparation * et indemnisation *.*

Composé en caractère romain le texte détaillé qui vous permettrra de comprendre pouquoi il vous est conseillé d'agir de telle ou telle façon.

Du texte a été supprimé, autant qu'il est possible, tout vocabulaire trop juridique. Lorsque l'utilisation de mots techniques ou peu utilisés ne pouvait être évitée, ceux-ci sont signalés à chaque apparition dans le texte par un signe (*) et expliqués dans le lexique où ils sont regroupés par ordre alphabétique (voir p. 287).

Ces mots sont signalés à chaque fois qu'ils apparaissent dans le texte de façon à ce que le lecteur qui commencerait sa lecture en cours de guide (ce qui est le propre de ce genre d'ouvrage) ne se trouve pas devant une difficulté imprévue.

Ce guide contient :

• ***les adresses utiles*** où vous trouverez des personnes auxquelles il peut être fait appel pour être conseillé (voir p. 283) ;

• ***un index alphabétique*** (p. 302) renvoie aux chapitres ou aux pages dans lesquels tout ou partie de la situation qui vous intéresse est traitée. Exemple :

— « Vous venez de vous faire voler votre voiture » consultez le mot *vol* qui vous renverra aux chapitres correspondants ; puis consultez le mot *voiture ;*

— « Vous avez été mordu par un chien » consultez le mot *animal* qui vous renverra aux chapitres correspondants ;

• ***un lexique*** (p. 287) expliquant dans un langage volontairement simple des termes juridiques ou des mots rarement utilisés.

Vous êtes victime d'une infraction pénale... de quoi s'agit-il... et comment sera puni votre agresseur ?

PREMIÈRE PARTIE

Bien que ce chapitre ne soit pas directement utile aux victimes, il nous a semblé nécessaire que vous connaissiez la définition des infractions* pénales et que vous n'ignoriez pas totalement le sort que la justice réserve à ceux qui ont fait de vous une victime.

Le code pénal* contient l'inventaire des infractions et leur définition ; il comporte aussi l'énoncé de toutes les condamnations que les juridictions* pénales peuvent appliquer aux auteurs des infractions.

Pour savoir ce que risque un condamné, il faut d'abord déterminer de quelle infraction il s'est rendu coupable :

Constitue une **infraction pénale,** tout comportement d'une personne qui contrevient aux dispositions du code pénal français. Pour qu'il y ait infraction, il faut donc qu'une loi réprime précisément le comportement en question ; par exemple : jusqu'en 1873, le fait de consommer un repas dans un restaurant et de ne pas le payer n'était pas pénalement poursuivi, faute d'un texte prévoyant cette situation.

Les infractions se distinguent selon leur gravité et celle de la peine qui leur est applicable :

LES MOINS GRAVES

Contravention : Infraction* pouvant faire encourir à son auteur une peine d'un jour à deux mois d'emprisonnement ou une amende égale ou inférieure à 6 000 F.

Le tribunal compétent est le **tribunal de police*** où le juge d'instance statue* en matière pénale. Exemples de contravention : excès de vitesse, violences légères, chasse en période prohibée, etc.

GRAVES

Délit : Infraction * pouvant faire encourir à son auteur une peine d'emprisonnement de 2 mois à 10 années.

Le tribunal qui juge habituellement les délits est le **tribunal correctionnel** * c'est-à-dire le tribunal de grande instance * (un ou deux par département).

LES PLUS GRAVES

Crime : Infraction * pouvant faire encourir à son auteur, à ses complices ou à ceux qui ont tenté de la commettre une peine de réclusion criminelle à perpétuité, par exemple : meurtre, assassinat, viol collectif, vol qualifié (ou hold-up), etc.

Le tribunal compétent est **la cour d'assises** *.

A chaque infraction correspond une peine particulière :

Le tribunal ne pourra infliger à un condamné d'autres peines que celles prévues expressément par le code pénal *, mais il peut choisir à l'intérieur d'une échelle, la condamnation qu'il juge appropriée. Par exemple, le vol est puni d'un emprisonnement qui peut aller de 3 mois à 3 ans et de 1 000 F à 20 000 F d'amende.

A partir du moment où le juge établit que l'auteur de l'infraction * est bien coupable au sens de la loi, il peut dès lors exercer sa liberté d'appréciation pour ce qui concerne le choix de la peine à l'intérieur de l'échelle ; il peut aussi accorder un **sursis** qui dispense le condamné d'exécuter la peine d'emprisonnement ou d'amende à condition qu'il n'ait aucune autre condamnation pour des faits d'une certaine gravité dans un délai de 5 ans.

L'échelle des peines

La liberté du juge s'explique par le souci du législateur **d'adapter les condamnations en tenant compte des situations personnelles des condamnés**, par exemple :

1) Paul et Pierre ont chacun été la cause d'un accident de la circulation à la suite d'un excès de vitesse et d'un dépassement dangereux.

Paul est un étudiant de 22 ans et Pierre un représentant de commerce de 40 ans. Pour une infraction* comparable, le tribunal peut préférer infliger une sanction adaptée au cas de chacun d'eux : une suspension de permis de conduire à Paul et une peine d'amende à Pierre. En effet, Paul peut se priver de voiture pendant quelque temps, alors qu'une amende serait trop lourde pour ses moyens financiers, et Pierre perdrait son emploi s'il était privé de son outil de travail.

2) Paul et Pierre ont fait chacun un chèque sans provision d'un montant comparable, tous deux travaillent, mais Paul gagne environ deux fois plus que Pierre ; le juge sera sans doute conduit à choisir une peine d'amende pour les deux, mais d'un montant plus élevé pour Paul que pour Pierre dans la mesure où une même somme, 1 000 F par exemple, n'a pas le même sens pour quelqu'un qui gagne 5 000 F par mois et quelqu'un qui gagne 10 000 F.

Dans les exemples donnés, le juge a donc un double choix à opérer à l'intérieur de l'échelle :

1) Quelle peine choisir pour tel condamné :

– prison, amende ou autre mesure...

2) Quel montant infliger au condamné :

– 3 à 6 mois de prison.

– 2 000 F à 10 000 F d'amende.

En outre, le code prévoit deux mécanismes supplémentaires pour tenir compte des circonstances particulières dans lesquelles l'infraction a été commise.

LES CIRCONSTANCES ATTÉNUANTES

Les juges ont toujours la possibilité, suivant la nature de l'affaire ou la personnalité du condamné, d'accorder le bénéfice des circonstances atténuantes ; c'est-à-dire de descendre **au-dessous du minimum** prévu par la loi pour une infraction donnée.

Le code prévoit les limites de ce nouveau minimum selon la gravité des infractions*.

LA RÉCIDIVE

Les juges peuvent également, dans certains cas, aller **au-dessus du maximum** initial en appliquant les règles de la récidive.

L'aggravation de la peine prévue par le code vise les cas où le condamné avait déjà été puni pour des infractions semblables. Le législateur estime que cette première condamnation était un avertissement pour l'auteur de l'infraction * ; s'il commet une nouvelle infraction, la deuxième condamnation sera plus sévère.

En règle générale, l'effet principal de la récidive est de doubler le maximum initial de l'emprisonnement.

Attention, ici encore le juge est libre de choisir dans l'échelle des peines, la condamnation la mieux adaptée et il peut éventuellement cumuler la récidive avec le bénéfice des circonstances atténuantes.

EXEMPLE SCHÉMATIQUE DE L'ÉCHELLE DES PEINES POUR L'INFRACTION* DE VOL SIMPLE.

Fig. 1 – Pour cette infraction*, le code prévoit cette **échelle initiale :**

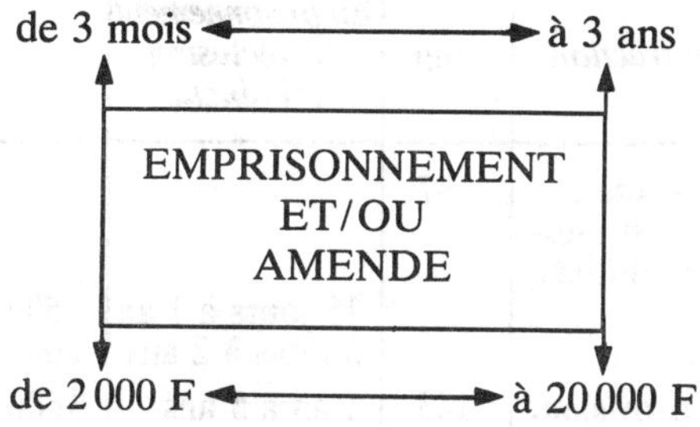

Fig. 2 – Le juge peut accorder les **circonstances atténuantes***

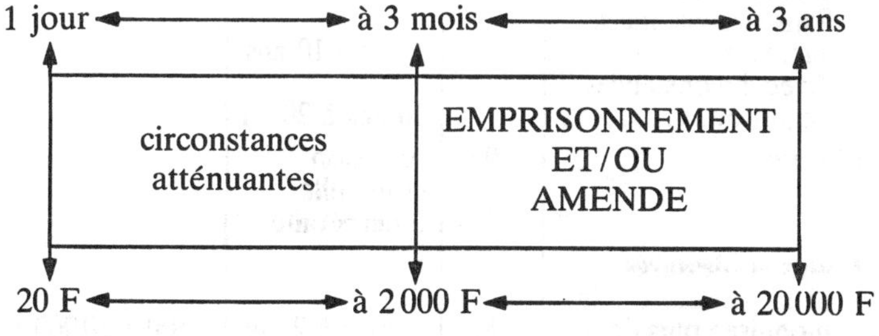

Fig. 3 – Le juge peut appliquer les règles de la **récidive**

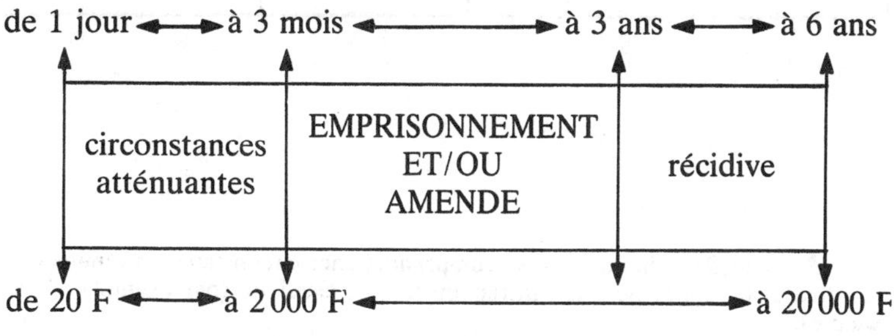

QUE RISQUE L'AUTEUR DE L'INFRACTION* ?

Voici quelques exemples d'échelle des peines♦ :

Nature de l'infraction	*Page*	*Emprisonnement ou réclusion criminelle*	*Amende*
Accident de la route ..	47		
– Si la victime est blessée et immobilisée plus de 3 mois		15 jours à 1 an	500 à 20 000 F
– Si elle décède		3 mois à 2 ans	1 000 à 30 000 F
Chèque sans provision.	143	1 an à 5 ans	3 600 à 2 500 000 F
Vol simple	123	3 mois à 3 ans	1 000 à 20 000 F
Escroquerie	123	1 an à 5 ans	3 600 à 2 500 000 F
Abus de confiance	123	2 mois à 2 ans	3 600 à 2 500 000 F
Viol	107		
– Sans circonstances aggravantes		5 ans à 10 ans	
– Avec circonstances aggravantes		10 ans à 20 ans	
Meurtre	99	réclusion criminelle à perpétuité	
Coups et blessures			
– Si la victime est immobilisée plus de 8 j.	85	2 mois à 2 ans	500 à 20 000 F
Dégradation de vos biens	117	3 mois à 2 ans	2 500 à 50 000 F
Abandon de famille ..	159	3 mois à 1 an	300 à 8 000 F

♦ L'échelle indiquée doit se comprendre sans circonstances atténuantes ni récidive et ne concerne que l'infraction la plus classique (par exemple : le vol simple).

Comment obtenir réparation dans le cadre du procès pénal... et ce qu'il vous en coûtera

PREMIÈRE PARTIE

Pourquoi engager un procès pénal ?*

Pour engager un procès pénal *, il faut que trois conditions soient réunies :

1) Vous avez été victime d'une infraction *, c'est-à-dire d'une contravention *, d'un délit * ou d'un crime *.

2) Cette infraction * vous a directement causé un préjudice qui peut être soit corporel (blessures, infirmité), soit matériel : perte d'un revenu, d'un élément de votre patrimoine… (frais divers, dégâts matériels, etc.), soit moral : souffrance morale résultant, par exemple, d'une atteinte essentielle à votre honneur, ou bien encore de la perte d'un proche parent…

3) Ce préjudice * doit être mesurable et il faut que vous le prouviez.

En outre, vous ne devez pas dépasser certains délais (voir chapitre « La prescription » p. 217)

Il faut remplir trois conditions pour engager un procès pénal.

Vous pouvez engager un procès, soit devant une **juridiction pénale** * : tribunal de police *, tribunal correctionnel *, cour d'assises *, soit devant une **juridiction civile*** : tribunal d'instance * ou de grande instance *.

Avant de choisir la juridiction *, retenez ce **principe fondamental :**

– Si vous avez engagé votre action devant une juridiction pénale *, vous pourrez toujours, par la suite, en respectant les délais de prescription *, y renoncer et continuer votre procès devant une juridiction civile *.

– En revanche, si vous avez engagé votre action devant une juridiction civile, vous ne pourrez plus, ensuite, porter cette même action devant une juridiction pénale *.

Pourquoi ce double choix ? Parce que votre rôle, en qualité de partie civile * (voir p. 33), consiste essentiellement :

– Dans la plupart des cas, à demander et tenter d'obtenir la **réparation matérielle du préjudice** * que vous avez subi, par l'attribution d'une certaine somme d'argent : les dommages-intérêts *.

– A participer et à vous associer à la **recherche de la manifestation de la vérité,** en cas notamment de faits complexes ou de dénégation de l'auteur présumé de l'infraction *.

Vous, victime, partie civile *, quel que soit votre ressentiment à l'égard de l'auteur de l'infraction * qui vous a causé un préjudice *, vous ne pouvez pas demander à un tribunal la condamnation du coupable à une sanction de nature pénale (amende ou emprisonnement) ; seuls le peuvent les membres du ministère public (procureur de la République *, procureur général* ou leurs représentants).

Le procès pénal présente plus d'avantages que le procès civil : il est* ***plus rapide, plus efficace et moins coûteux.*** *Il permet d'apporter plus facilement la preuve des faits et d'être indemnisé par l'Etat. Il garantit mieux le règlement de votre préjudice. Mais attention, il peut se retourner contre vous si vous l'engagez à la légère.*

Alors pourquoi choisir la voie du procès pénal * ?

Pour l'une ou l'autre des raisons suivantes :

1) Le procès pénal * est, dans bien des cas, **plus rapide.**

2) Le procès pénal * peut être relativement **plus économique.**

3) En mettant éventuellement à votre disposition les moyens d'investigation * multiples et diversifiés dont dispose le juge d'instruction *, le procès pénal * peut vous permettre d'apporter **plus facilement la preuve des faits** que vous reprochez à votre adversaire.

4) Le procès pénal * est **plus impressionnant.** La menace d'une sanction pénale peut contribuer au règlement anticipé, par l'auteur de l'infraction *, du préjudice * subi par sa victime.

5) La procédure de **contrôle judiciaire** applicable à l'auteur présumé de l'infraction vous offre **une garantie supplémentaire** de règlement de votre préjudice *. Le juge d'instruction peut en effet préférer à l'incarcération des mesures telles que le versement par l'inculpé d'une caution *. Il peut aussi subordonner une mise en liberté à cette même condition.

Une partie de la caution garantit la représentation en justice de l'inculpé * et le paiement d'éventuelles amendes.

Une autre partie, généralement plus importante, est destinée à garantir le règlement de tout ou partie du montant des dommages-intérêts * qu'il pourrait être condamné à vous verser.

Afin que le juge d'instruction * fixe utilement ce second montant, il est donc très important que vous puissiez lui apporter, dès que possible, des justificatifs sur l'étendue de votre préjudice.

6) De plus, le résultat du procès pénal * est souvent **plus efficace :** si le condamné a des complices, ceux-ci pourront être

tenus de payer pour lui le montant de vos dommages-intérêts *.

Vous devez également savoir que des textes actuellement en préparation prévoient l'institution d'un tribunal de l'exécution des peines, juridiction * appelée à statuer après la condamnation sur l'opportunité de la mise en liberté anticipée d'un condamné. Avant de prononcer sa décision, cette juridiction devrait prendre en compte l'effort effectué par le condamné pour vous dédommager du préjudice * résultant de l'infraction *.

7) Le procès pénal * vous permet enfin, notamment si l'auteur de l'infraction dont vous avez été victime n'a pu être identifié ou est insolvable, d'obtenir, dans certains cas (voir à cet égard le chapitre : « L'indemnisation par l'Etat des victimes des dommages corporels », p. 249) le **règlement par l'Etat de tout ou partie de votre préjudice.** *

---

*Avant d'engager un procès pénal *, prenez la précaution de vous assurer les conseils d'un avocat qui étudiera les faits pour savoir s'ils constituent bien une infraction et vérifiera la solidité de vos arguments et de vos moyens de preuve.*

Sachez enfin que si, à la suite d'une action pénale engagée sous votre responsabilité, votre adversaire bénéficie d'une décision de non lieu * ou de relaxe * (acquittement) et parvient à démontrer que cette action a été engagée à la légère ou de mauvaise foi, il peut demander au tribunal correctionnel * de vous condamner :

– à lui verser des dommages-intérêts * pour **action abusive** (action pénale engagée avec légèreté mais sans intention de nuire) ;

– ou même à une peine de 6 mois à 5 années d'emprisonnement et/ou d'une amende de 500 à 20000 F (**dénonciation calomnieuse,** action pénale engagée de mauvaise foi et avec l'intention de nuire), ainsi qu'à des dommages-intérêts * et à la publication dans divers journaux de la décision...

Quand et comment engager un procès pénal ?*

Si vous choisissez d'engager un procès pénal * souvenez-vous tout d'abord des délais de prescription en matière pénale (voir chapitre « La prescription », p. 217) :

- 1 an pour une contravention *
- 3 ans pour un délit *
- 10 ans pour un crime *.

Vous devez impérativement engager votre action dans ce délai. Sinon, vous vous exposez à ne plus pouvoir le faire.

Après avoir sollicité notamment auprès d'un avocat * tous les conseils vous permettant de justifier de l'existence et de l'étendue de votre préjudice * résultant de l'infraction *, plusieurs possibilités s'offrent à vous :

I - *LA CITATION DIRECTE* *

- Si les faits sont simples,
- s'ils constituent incontestablement une infraction * pénale,
- si vous disposez de surcroît de tous les éléments prouvant cette infraction * et l'étendue du préjudice * qu'elle vous à directement causé,
- si enfin, l'auteur de l'infraction * a pu être identifié et que vous connaissez son adresse,

choisissez la voie de la **citation directe** ♦. Il s'agit d'un acte remis à l'auteur de l'infraction par un huissier *, rédigé en général par un avocat par lequel sera saisie la juridiction * compétente (tribunal de police * pour une contravention *, tribunal correctionnel * pour un délit * ; dans les deux cas,

♦ Voir modèle de citation directe p. 44.

tribunal du lieu où l'infraction * a été commise ou du domicile de l'auteur de l'infraction *).

Si les faits sont ***simples****, choisissez la citation directe * rédigée par un avocat * et remise par un huissier à l'auteur de l'infraction *.*

Cette citation * directe précisera vos griefs, en rappelant notamment les conditions dans lesquelles vous avez été victime de l'infraction *, les divers éléments et le montant du préjudice * dont vous réclamez le dédommagement. Elle précisera en outre à l'auteur de l'infraction * le jour et l'heure auxquels il devra obligatoirement se présenter devant la juridiction pénale * compétente.

Le tribunal, à cette audience, fixera le montant de la consignation * pour frais de justice * que vous serez tenu de verser et qui vous sera restituée à la fin du procès, si votre adversaire est condamné. Si vous bénéficiez de l'aide judiciaire, vous n'avez pas de consignation * à verser.

Vous pourrez, si les conditions indiquées ci-dessus sont réunies, obtenir assez rapidement un jugement de condamnation.

II - *LA PLAINTE*

Si les faits sont ***complexes****, déposez plainte.*

– Si les faits dont vous pensez qu'ils peuvent constituer une infraction * sont **complexes,** ou

– si l'auteur de l'infraction * est **difficilement identifiable** ou n'a pu être identifié,

déposez plainte :

– soit directement auprès du procureur de la République *,

– soit au commissariat de police ou à la brigade de

gendarmerie qui transmettra votre plainte au procureur de la République *.

La plainte consiste, la plupart du temps, en une simple lettre dans laquelle vous préciserez :

- votre état civil complet,
- le récit détaillé des faits dont vous avez été victime,
- la description et l'estimation provisoire ou définitive de votre préjudice *,
- les noms et adresses des éventuels témoins de cette infraction *.

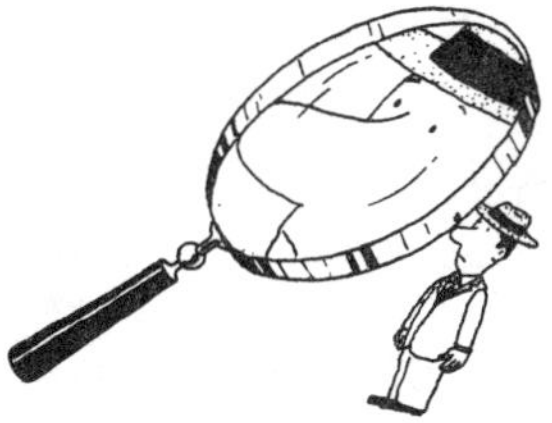

*Vous pouvez déposer plainte, même si vous ne connaissez pas le nom de l'auteur de l'infraction *, il s'agit alors d'une **« plainte contre X »**.*

N'oubliez pas de joindre à votre plainte tous les éléments de preuve justifiant de l'infraction * dont vous avez été victime et de la réalité de votre préjudice *.

La plainte ainsi déposée, les premiers éléments de l'enquête étant éventuellement réunis, le dossier sera transmis au procureur de la République * qui examinera le bien fondé de votre plainte et décidera de la suite à lui donner :

• 1° Pour les affaires **simples,** il usera de la citation directe * (voir p. 29) pour laquelle il saisira * directement le tribunal qui devra juger votre affaire. Dans ce cas, vous recevrez une convocation pour le jour de l'audience * où elle sera examinée.

• 2° Pour les affaires **complexes,** il décidera l'ouverture d'une information * pour laquelle il demandera la désignation d'un juge d'instruction * chargé de recueillir tous les éléments utiles à l'établissement de la vérité.

Dès sa désignation, ce dernier dirigera l'information *, et tentera de connaître :

- les conditions exactes dans lesquelles s'est déroulée l'infraction * dont vous avez été victime,

– l'identité du ou des auteurs de cette infraction *,
– l'étendue de votre préjudice *.

Ses moyens d'investigation * sont nombreux :
– audition de témoins,
– interrogatoire du ou des auteurs présumés de l'infraction *,
– confrontation * de ce dernier avec divers témoins ou vous-même,
– reconstitution des faits,
– transport * en divers lieux et notamment sur les lieux de l'infraction *,
– expertises matérielles, médicales, balistiques *, comptables, fiscales, en écriture, etc.,
– enquête de personnalité,
– examen psychiatrique et médico-psychologique.

Le juge d'instruction * peut enfin déléguer certains de ses pouvoirs d'investigation * à d'autres magistrats ou à des officiers de police judiciaire (on dit dans ce cas qu'il délivre une commission rogatoire) afin que ces derniers procèdent à une enquête sur tel ou tel point précis de l'information.

Ce magistrat pourra vous entendre et vous questionner sur les circonstances dans lesquelles vous avez été victime de l'infraction *.

Sachez qu'il attend de vous une collaboration totale, loyale et efficace.

Rendez-vous aux convocations qui vous sont adressées et fournissez le maximum d'indications sur les faits dont vous avez été victime.

Etant, en votre qualité de victime, intéressé par le déroulement rapide et efficace de l'information :

– répondez sans délai aux convocations du juge d'instruction *, et à celles des experts qu'il pourra éventuellement désigner :

– fournissez au juge d'instruction * le plus d'indications et de moyens de preuve concernant l'infraction * dont vous avez été victime.

• 3° Enfin, le procureur de la République * peut décider de **classer votre plainte** et de ne pas poursuivre. Si vous êtes en désaccord avec cette décision, vous pouvez vous constituer partie civile * (voir ci-dessous).

---

*Renseignez-vous sur les indemnités auxquelles vous avez droit si vous êtes convoqué à une audience pénale *.*

Les victimes et les témoins convoqués à une audience pénale ont droit à diverses indemnités * destinées à compenser leur perte de gain et les frais de transports. Pour les obtenir, adressez-vous au greffier * présent à l'audience.

Voici à quoi vous pouvez prétendre :
– une indemnité **forfaitaire de comparution,**
– une indemnité pour **perte de salaire** ou de **traitement** (sur présentation d'une attestation délivrée par un employeur ou d'un bulletin de salaire),
– une indemnité pour frais de **transport ou de voyage** versée sur présentation de justificatifs (billets de chemin de fer, avion, etc.),
– une indemnité **journalière** de séjour (lorsque les témoins ou les parties civiles * sont retenus hors de leur résidence).

Ces différentes indemnités peuvent se cumuler.

Si la victime ou le témoin, en raison de ses infirmités ou de sa maladie, est obligé de se faire accompagner par un tiers *, celui-ci pourra, lui aussi, bénéficier de ces indemnités.

III – *LA CONSTITUTION DE PARTIE CIVILE*

Il faut distinguer la plainte avec constitution de partie civile * de la simple constitution de partie civile *.

A – LA PLAINTE AVEC CONSTITUTION DE PARTIE CIVILE

Si le procureur de la République * décide de **classer * l'affaire** et ne pas poursuivre, votre **seul recours * consiste à porter plainte avec constitution de partie civile** pour obliger le ministère public * à engager des poursuites contre l'auteur de l'infraction * dont vous êtes victime.

N'adressez pas cette plainte au procureur de la République *, mais au juge d'instruction * du tribunal de grande instance * dans le ressort * duquel l'infraction * a été commise ou dans celui du domicile de l'auteur de l'infraction*, s'il est identifié.

Pour l'essentiel, la plainte est identique à celle adressée au procureur de la République*. Il vous suffit d'adresser au juge d'instruction* la plainte écrite, datée et signée, de vous déclarer expressement partie civile* et de réclamer des dommages-intérêts*. Cette plainte peut être dirigée contre une personne dénommée ou contre une personne inconnue (plainte contre X, voir p. 31).

Le juge d'instruction* qui examine votre plainte fixe le montant d'une certaine somme d'argent dite consignation* pour frais de procédure que vous serez tenu de verser, (sauf si vous bénéficiez de l'aide judiciaire), et qui vous sera restituée à la fin du procès si votre adversaire est condamné. Cette consignation* effectuée, le juge d'instruction* procède à l'information des faits comme il est dit ci-dessus (voir p. 31-32).

Parce que vous serez partie* au procès dès le début de cette information vous pourrez, à ce titre :

– être informé, très exactement, et de manière permanente du **déroulement de l'instruction*** par l'intermédiaire de votre avocat* qui aura accès au dossier du juge d'instruction*,

– être convoqué par le juge d'instruction*, en votre qualité de partie civile*, pour diverses auditions au cours desquelles le magistrat instructeur vous informera des **progrès de son information*** et sollicitera vos commentaires sur certains de ses aspects (notification* de rapports d'expertise...),

– assister à toute **reconstitution,**

– exercer, en temps utile, vos **possibilités de recours*** contre les décisions du magistrat instructeur si vous estimez qu'elles portent préjudice* à vos intérêts,

– adresser ou faire adresser par votre avocat toutes **observations complémentaires** que pourra justifier le déroulement de l'information et demander notamment à cette occasion toutes investigations* qui vous paraîtraient utiles à la manifestation de la vérité,

– être **directement cité** en votre qualité de partie civile* devant la juridiction* de jugement.

B - LA SIMPLE CONSTITUTION DE PARTIE CIVILE

Vous avez intérêt à vous porter partie civile* le plus tôt possible, pour être associé à l'information* (voir ci-dessous) ; mais il vous est aussi possible d'attendre l'audience*.

Se constituer partie civile, c'est demander à figurer comme « partie* » en tant que victime au procès pénal, pour obtenir réparation du préjudice* subi ou la restitution d'objets, et cela,* ***même si le procès a été engagé par le procureur de la République*.***

Constitution de partie civile par lettre

Vous pouvez aussi vous constituer partie civile * par simple lettre recommandée avec accusé de réception adressée au tribunal correctionnel * ou de police * plusieurs jours avant la date de l'audience * prévue. Dans cette lettre vous préciserez le montant de votre préjudice * et joindrez toutes les pièces justificatives *. Si vous utilisez ce moyen, vous n'avez pas à vous présenter à l'audience *, mais attention, le tribunal ne peut dans ce cas vous accorder actuellement plus de 20000 F de dommages-intérêts.

Constitution de partie civile à l'audience

Vous devez vous présenter personnellement à l'audience ou vous faire représenter par un avocat *.

Si vous vous présentez seul, sachez que vous devez vous constituer partie civile * sans formalités particulières, au plus tard avant que le procureur de la République * ne prenne la parole pour faire connaître son point de vue.

L'audience

Elle a lieu quand l'auteur de l'infraction * a été renvoyé devant la juridiction compétente * :

- tribunal de police * pour une contravention *,
- tribunal correctionnel * pour un délit *,
- cour d'assises * pour un crime *.

Si vous vous êtes constitué partie civile *, vous serez convoqué à l'audience *.

Il est nécessaire que vous y assistiez **personnellement** ou en tout cas que vous vous y fassiez **représenter par un avocat** *, afin :

– de mieux pouvoir contrôler les explications de votre adversaire et de réfuter éventuellement ses arguments,

– d'apporter aux magistrats d'utiles précisions sur le dommage * que vous avez subi.

Si, en votre qualité de partie civile *, vous ne venez pas à l'audience après y avoir été régulièrement convoqué, ou si vous n'avez pas adressé au tribunal une lettre de constitution de partie civile *, dans les circonstances précisées ci-dessus, vous serez considéré comme y renonçant et le tribunal rendra un jugement constatant votre désistement *.

La décision

Elle est prononcée publiquement par le tribunal à la fin de l'audience * ou lors d'une autre audience * après un temps de réflexion plus ou moins long. Le président de la juridiction * vous précisera la date à laquelle le jugement sera rendu. Vous en recevrez ultérieurement le texte par l'intermédiaire de votre avocat. *

Si vous n'êtes pas satisfait de l'indemnité qui vous a été accordée, vous pouvez faire appel ou opposition. ***Renseignez-vous auprès du greffe du tribunal.***

Les recours

Si la somme que le tribunal vous a accordée en réparation du préjudice * que vous avez subi ne vous paraît pas suffisante, vous avez le droit de contester cette décision en faisant :

1) Opposition

Si vous vous êtes constitué partie civile * avant l'audience *, et bien que l'ayant fait...

... si vous n'avez pas été régulièrement cité * à comparaître à cette audience,

... si vous n'avez pas été touché par la convocation,

vous pouvez faire opposition au jugement ou à l'arrêt * qui aura été rendu.

Il vous appartiendra, dans un délai de 10 jours à compter du jour où le jugement ou l'arrêt * aura été porté à votre connaissance par voie de signification *, d'en avertir le procureur de la République * (tribunal de police *, tribunal correctionnel *) ou le procureur général * (cour d'appel).

Dans le délai indiqué ci-dessus, votre opposition sera effectuée :

– soit par une déclaration effectuée auprès du greffe * de la juridiction * qui a rendu la décision,

– soit en adressant, selon le cas, au procureur de la République * ou au procureur général : une lettre recommandée avec accusé de réception,

– soit en lui faisant adresser un exploit * d'huissier. *

2) Appel

Vous pouvez faire appel du premier jugement, même si, ayant été effectivement convoqué, vous ne vous êtes pas présenté à l'audience *.

Vous ferez votre déclaration d'appel au greffe * de la juridiction * qui a rendu le jugement que vous contestez dans un délai de 10 jours à compter du jour du jugement (si vous étiez présent) ou à compter de celui où le jugement vous a été signifié * dans le cas où vous aviez été touché par la convocation, mais où vous étiez absent le jour où le jugement a été rendu.

Attention, en matière criminelle, lorsque c'est la cour d'assises * qui a rendu la décision, il ne peut être fait opposition ou appel.

Seul un **pourvoi * en cassation** vous reste ouvert dans un délai de 5 jours à compter du jour où la cour d'assises * aura rendu son arrêt. Mais ce pourvoi * ne peut viser que les dispositions de la décision de la cour d'assises * concernant vos dommages-intérêts *.

Qu'il s'agisse de décisions prononcées à l'occasion de contraventions *, de délits * ou de crimes *, le pourvoi * en cassation ne peut porter que sur les points de droit contenus dans celles-ci.

Pourquoi engager un procès civil?

Si le procès pénal * n'a pas abouti à une condamnation, vous pouvez quand même, dans certains cas, obtenir la réparation de votre préjudice * en vous adressant à une juridiction civile *.

*Si le procès pénal n'a pas abouti vous pouvez engager un procès civil devant le tribunal de grande instance *, si votre demande est supérieure à 20 000 F et devant le tribunal d'instance * pour les sommes inférieures à ce montant.*

La juridiction compétente est celle du lieu du dommage * ou celle du domicile de l'auteur de celui-ci.

Au tribunal de grande instance * l'assistance d'un avocat * est obligatoire, elle est facultative devant le tribunal d'instance *. Si vous êtes sans ressources suffisantes, vous pouvez bénéficier de l'aide judiciaire (voir chapitre « L'aide judicaire », p. 275).

Votre demande se fera sous la forme d'une assignation * délivrée * par un huissier *. Elle sera éventuellement rédigée par l'avocat * chargé de défendre vos intérêts.

Des délais sont prévus pour permettre à l'avocat * de votre adversaire de répondre à vos conclusions *, c'est-à-dire à votre argumentation figurant déjà d'une manière sommaire dans l'assignation *.

Comme dans le procès pénal *, vous devez fournir au tribunal, par l'intermédiaire de votre avocat *, s'il s'agit du tribunal de grande instance *, toutes les pièces permettant de démontrer que vous avez subi un préjudice * (voir p. 25) :

- **corporel :** atteinte à l'intégrité physique, coups, blessures...
- **matériel :** frais divers, destructions ou détériorations de choses, perte d'argent...
- **moral :** souffrance morale, chagrin...

Le tribunal, s'il estime que la responsabilité de votre adversaire est pour tout ou partie engagée, évaluera le montant de la réparation * qui vous sera accordée.

Quel sont les dépenses entraînées par un procès ?

La justice est en principe **gratuite,** mais l'intervention des auxiliaires de justice * : huissiers *, avocats *, avoués *, experts *... ne l'est pas.

Voici quelques définitions des principaux frais :
– ***les frais de justice*** (proprement dits) : droits, taxes et redevances perçus par l'Etat. Ces frais de justice ne sont dus que devant les juridictions pénales, mais si vous êtes victime ou partie civile, vous en êtes dispensé ;
– ***les débours (on dit aussi les déboursés)*** : argent **avancé** pour le compte des parties * par un auxiliaire de justice ;
– ***les dépens*** : ensemble des frais engagés pour un procès à l'exception des honoraires des avocats ;
– ***les émoluments*** : ce sont des rémunérations **tarifées** dues aux huissiers, aux avocats et, en cas d'appel, aux avoués pour l'établissement et la délivrance des actes ;
– ***les provisions*** : ce sont des sommes que l'avocat vous réclame au début de l'affaire et qui varient selon l'importance et les difficultés de celle-ci. Au terme du procès l'ensemble de ces provisions constitue les honoraires ;
– ***les honoraires :*** rémunération due aux avocats pour leur activité de consultation * ou de plaidoirie (fixée librement) et aux experts (fixée par le juge).

N'hésitez pas, dès la première entrevue, à demander à votre avocat une estimation de ses honoraires au cas où il vous conseillerait d'engager un procès.

Comment se calcule la rémunération des auxiliaires de justice ?*

I – ***Les frais entraînés par l'intervention d'un huissier***

Tous les actes qu'ils accomplissent font l'objet d'une **rémunération forfaitaire** pour l'ensemble des recherches et démarches nécessaires à la rédaction et à la délivrance de l'acte. A cette rémunération s'ajoute le **remboursement forfaitaire** de tous les frais accessoires liés à l'acte : frais de transport, droits fiscaux, frais de correspondance, d'affranchissement et de papeterie.

La rémunération — ou l'émolument — due aux huissiers fait l'objet d'un barème que vous pouvez vous procurer auprès de la Chambre Nationale des Huissiers (voir « Adresses utiles », p. 287). Elle comprend une partie fixe et une partie proportionnelle et dégressive calculée selon les sommes en cause.

II – ***Les frais d'avocats***

Ils comprennent quelle que soit la juridiction (sauf la cour d'appel) :

– **un droit fixe** de plaidoirie de 40 F pour chaque plaidoirie ;

– **des droits tarifés** correspondant à la représentation* en justice, c'est-à-dire aux formalités faites par l'avocat devant le tribunal et comportant :

- un droit fixe de 36 F,
- un droit proportionnel selon le montant des sommes faisant l'objet du litige,
- un droit pour le remboursement des frais de papeterie, d'impression et de correspondance,
- éventuellement une tarification spéciale pour les incidents de procédure.
- et enfin **des honoraires** à débattre librement entre l'avocat et son client en fonction de la difficulté de l'affaire, de l'intérêt du litige et du renom de l'avocat.

III – ***Les frais d'avoués près les cours d'appel***

Tous les actes de procédure, préparation, rédaction, établissement de l'original et des copies sont fixés selon un tarif qui comporte :

– **un droit fixe,**

– **un droit proportionnel** évalué selon l'importance et la difficulté de l'affaire jugée.

IV – ***Les frais d'experts***

Ils sont fixés par le juge qui ordonne l'expertise.

Exemple de coût d'un procès

Monsieur X, piéton, non assuré, est renversé et blessé par une voiture. Il engage un procès pour obtenir 50 000 F de dommages-intérêts.

Les frais de procédure devant le tribunal de grande instance se répartissent, dans cet exemple, de la façon suivante :

Frais de procédure	**Débours** (voir p. 39)	**Émoluments** (voir p. 39)
Assignation	66,60 F	—
Signification de conclusions (deux)	3,60 F	—
Appels de cause (deux)	6,00 F	—
Droit d'instruction (1/2 droit fixe)	—	21,60 F
Signification de jugement :		
– à avocat	1,80 F	—
– à partie	44,60 F	—
Droit de plaidoirie	—	30,00 F
Droit fixe	—	43,20 F
Droit proportionnel	—	708,00 F
Droit forfaitaire de frais	96,00 F	
	218,60 F	802,80 F

Les honoraires de l'avocat et de l'expert sont à ajouter à ce total.

Les frais de procédure sont remboursés intégralement ou en partie par le perdant, mais les honoraires de l'avocat sont toujours payés par son propre client.

Cet exemple n'est donné qu'à titre indicatif, les incidences particulières à chaque procédure entraînant des frais différents.

Il n'a pas été tenu compte dans cet exemple, de l'aide judiciaire au sujet de laquelle il faut lire le chapitre « L'aide judiciaire », p. 275.

Qui doit payer ?

Au cours de la procédure : les frais sont versés, à titre d'avance, par chaque partie.

A la fin du procès : généralement, la personne qui a perdu son procès est condamnée à payer les « dépens » ou frais de justice. Toutefois, le juge peut faire payer une partie ou même la totalité des dépens par celui ou celle qui a gagné le procès.

Si les deux parties ont chacune gagné ou perdu partiellement le procès, le juge fait la somme des frais du procès et les répartit entre elles.

Les honoraires d'avocat sont en principe intégralement à la charge de son client, quelle que soit l'issue du procès, mais le tribunal peut user de la faculté de faire payer au perdant une partie des frais d'avocat lorsqu'il apparaît inéquitable de les laisser à sa charge.

Avocats, huissiers, avoués ou experts doivent vous remettre une **quittance** ou envoyer un **accusé de réception** pour tout versement reçu.

Avant tout règlement définitif, ils doivent vous fournir un **compte détaillé** distinguant les frais et débours, les rémunérations tarifiées et les honoraires en mentionnant les sommes déjà versées à titre de provision.

Si vous ne réglez pas ce que vous devez, l'huissier, l'avocat *... peuvent conserver les pièces que vous leur avez confiées.

Et si vous contestez le coût ?

D'abord, demandez des explications s'agissant des **dépens** à l'avocat, à l'huissier... puis un *certificat de vérification* au greffier du tribunal (il y en a un dans chaque tribunal) qui contrôlera si ceux-ci sont conformes aux tarifs et qui procédera, le cas échéant, aux redressements nécessaires.

Si vous contestez cette vérification, vous pouvez demander au président du tribunal de constater si les frais sont conformes aux tarifs.

En ce qui concerne une éventuelle contestation sur les **honoraires** de votre avocat, vous pouvez vous adresser au bâtonnier de l'ordre des avocats (renseignez-vous auprès du tribunal de grande instance) en lui demandant d'arbitrer ce différend. Si l'avocat ou vous-même n'acceptez pas cet accord, vous pouvez saisir le président du tribunal qui statuera sur votre contestation.

Exemple de citation directe :

Le ______________ mille neuf cent ____________
A la requête de ______________________________
Né(e) le ______________ à ______________
De nationalité ______________________________
Demeurant à ________________________________
Ayant pour avocat Maître __________, avocat au barreau de ____________, demeurant ______________
Au cabinet duquel il (elle) élit domicile
J'ai huissier susdit et soussigné cité ______________
(nom et adresse de l'auteur de l'infraction)
A comparaître ______________________________
Le ______________ à ______________ heures
Devant le tribunal de police (correctionnel) de __________
Siégeant à ________________________________
Pour ____________________________________
(Ici, exposé des motifs : relation des faits constituant l'infraction, description et chiffrage du préjudice subi directement par vous en raison de cette infraction.)
par ces motifs ______________________________
Dire et juger que les faits commis par M. __________
à l'encontre de M. __________ constituent la contravention (le délit) de ______________________________
statuer ce qu'il appartiendra sur les réquisitions de M. le procureur de la République.
Sur les intérêts civils, condamner M. ______________
à verser à M. ____________ la somme de ______ francs en réparation du préjudice subi par ce dernier(e)
condamner M. ____________ en tous les dépens (frais de justice) de l'instance. ______________________
Sous toutes réserves.

Les accidents de la circulation et des transports

DEUXIÈME PARTIE

« Ça » n'arrive qu'aux autres ?

En 1981 :

– 12 428 personnes sont mortes des suites d'un accident de la route : c'est comme si une ville de l'importance de Quimperlé avait été rayée de la carte de France.

– 334 289 personnes ont été plus ou moins gravement blessées, la presque totalité des habitants de la ville de Nice…

Vous qui êtes **conducteur** de voiture, camion, véhicule de transport en commun, moto, vélomoteur ou bicyclette ou **passager** de ces véhicules ou encore **piéton,** exposé quotidiennement aux dangers provoqués par la circulation de ces véhicules, si malheureusement il vous arrivait un accident qui entraîne les conséquences suivantes :

– **un dommage corporel,** c'est-à-dire une atteinte physique à votre personne : blessure, infirmité, etc.

– **un dommage matériel**, c'est-à-dire une détérioration plus ou moins importante de votre véhicule ou des objets qu'il transportait :

AGISSEZ SANS TARDER.

Vous pouvez obtenir une réparation * des dommages * corporels et/ou matériels que vous avez subis, si toutefois vous n'êtes pas déclaré entièrement responsable de l'accident.

Quelles qu'en soient les circonstances, vous devez accomplir un certain nombre de démarches ou formalités en vue d'obtenir un dédommagement du préjudice que vous avez subi. Dans la mesure du possible, certaines d'entre elles doivent être faites au ***moment de l'accident ou immédiatement après.***

D'autres démarches doivent suivre, pour préparer un

règlement à l'amiable de votre préjudice (voir chapitre « L'arrangement amiable », p. 267), ou s'il n'est pas conclu, un procès.

Enfin, lorsque cet arrangement amiable aura été définitivement mis au point ou lorsque votre procès sera terminé, vous devrez veiller à ce que les dispositions de cet arrangement ou du jugement qui aura mis fin au procès soient exécutées correctement et rapidement.

---

*Qu'il y ait dommage * corporel et matériel ou seulement l'un des deux, voici ce que vous devez faire :*

L'AUTEUR DE L'ACCIDENT :

– vous-même, ou si vous n'êtes pas en état de le faire, ceux qui vous accompagnent, devez **noter le nom et l'adresse du conducteur du véhicule qui vous a heurté,** le numéro d'immatriculation de sa voiture.

***Identifiez** l'auteur de l'accident, son assureur, d'éventuels témoins.*

Il vous faut obtenir et au besoin exiger du conducteur qu'il vous montre son attestation * d'assurance sur laquelle vous relèverez :

– **le nom et l'adresse de l'assureur de ce conducteur,**

– **le numéro de sa police * d'assurance ;** vérifiez qu'elle n'est pas périmée.

S'il s'agit d'un véhicule qui n'est pas soumis à l'obligation d'assurance (par exemple : véhicule de l'Etat, de collectivité publique, ou d'organisme ayant obtenu une dérogation officielle), vous devrez obtenir du conducteur le nom et l'adresse professionnelle de son chef de service ou de son employeur et demander à examiner les pièces attestant ces renseignements.

LES TÉMOINS

– Si vous n'avez pu relever le numéro minéralogique du véhicule qui vous a heurté,

– si vous n'avez pas été en mesure d'apercevoir et de retenir les caractéristiques de ce véhicule, n'hésitez pas à questionner les témoins qui ont assisté à l'accident ; certains d'entre eux auront peut-être eu la présence d'esprit de le faire.

***Si le véhicule ne s'arrête pas**, tentez de relever le numéro d'immatriculation et de retenir les caractéristiques de ce véhicule (marque, forme, couleur, etc.).*

La preuve de l'accident et des circonstances dans lesquelles il s'est produit peut se faire par tous les moyens et notamment, grâce au témoignage des personnes sur place à l'instant de l'accident (voir chapitre « La preuve », p. 183).

Il est donc capital de **vous assurer le concours du plus grand nombre possible de témoins.**

Sous le coup de l'émotion, beaucoup de gens vous promettront leur témoignage, puis, le temps passant, ne tiendront pas, par négligence ou indifférence, leur promesse.

Prenez donc la précaution de **demander immédiatement à ces témoins leur nom et leur adresse,** afin de pouvoir les communiquer aux autorités qui procéderont à l'enquête, ou à votre assureur.

***Faites témoigner** le plus grand nombre de personnes ayant assisté à l'accident.*

Dès que votre état de santé vous le permettra, écrivez ou faites écrire à ces témoins pour leur demander de rédiger à votre intention une attestation ♦ dans laquelle ils décriront avec le plus de précisions possible les circonstances de l'accident auquel ils ont assisté. Dans cette lettre, vous leur demanderez de joindre à cette attestation une photocopie d'un document d'identité (carte d'identité, passeport, permis de conduire, etc.).

En agissant de la sorte, vous complétez très utilement votre dossier « accident », vous facilitez la tâche de vos conseils, et augmentez vos moyens de preuve.

***Si l'autre conducteur refuse de remplir un constat amiable** et s'il conteste les circonstances de l'accident, faites établir un constat * d'huissier et appelez la gendarmerie ou le commissariat le plus proche.*

DÉGÂTS MATÉRIELS ET DOMMAGES CORPORELS

Si l'accident n'a provoqué que des dégâts matériels, faites un constat * amiable. Le modèle de ce constat * est le même pour tous les pays du Marché commun. Il y est partout reconnu.

Si l'autre conducteur refuse de remplir ce constat *, demandez à un huissier de consigner * **à vos frais** dans un procès-verbal ses constatations (emplacement des véhicules, dégâts matériels, etc.) concernant l'accident, vos déclarations, celles de l'autre conducteur, celles d'éventuels témoins.

Faites appel aux gendarmes ou aux policiers dans tous les cas, dès lors qu'une infraction a été commise (contravention * au code de la route, conduite en état d'ivresse, etc.), qu'il y ait mort d'hommes ou blessés, et même s'il ne s'agit que de dégâts matériels. Dans la mesure du possible, ne déplacez pas les véhicules afin que les enquêteurs puissent déterminer les circonstances précises de l'accident.

♦ Voir modèle p. 58.

Soyez prudent, les apparences sont quelquefois trompeuses, faites-vous toujours examiner par un médecin.

Si le choc a été violent et en l'absence de blessures apparentes, il est très sérieusement recommandé de subir un examen médical approfondi.

En effet, des lésions internes peuvent exister et se développer par la suite. Seul un médecin est capable de les détecter, d'en déterminer la gravité et de préconiser les soins qui s'imposent.

De même, ne prenez pas à la légère certains signes en apparence bénins, superficiels ou passagers (maux de tête, saignement de nez ou d'oreille, perte de connaissance au moment de l'accident...). Ces signes peuvent en fait dissimuler des dommages corporels internes d'une extrême gravité (fracture du crâne, hémorragie).

Faites établir un certificat médical.

- **Si vos blessures sont graves** et que vous êtes hospitalisé, les documents médicaux nécessaires seront établis par l'établissement de soins qui vous aura accueilli.
- **Si vos blessures ne justifient pas une hospitalisation,** consultez le médecin de votre choix dans les heures qui suivent l'accident.

Demandez-lui d'établir un **certificat médical** décrivant le plus exactement possible les dommages * corporels que vous avez subis.

Dans ce certificat, veillez à ce qu'il indique que vous avez été victime quelques instants plus tôt d'un accident de la circulation. Faites-lui établir **un certificat d'arrêt de travail,** si vos dommages * corporels ont entraîné une incapacité de travail.

Envoyez ce certificat d'arrêt de travail sous pli recommandé avec avis de réception à votre employeur dans les 48 heures de sa rédaction par votre médecin.

Comment obtenir une juste indemnisation ?*

Les vêtements et les objets que vous portiez au moment de l'accident sont susceptibles de servir de moyens de preuve tant qu'un arrangement amiable ou un jugement définitif ne sera pas intervenus.

Ne vous séparez en aucun cas des vêtements ou des objets détériorés ou abîmés au cours de l'accident.

Constituez un dossier complet ; voici les pièces indispensables qu'il devra comporter :

1) **Vos notes personnelles** concernant l'accident (précisions relatives aux circonstances de l'accident, immatriculation du véhicule, nom et adresse de son conducteur, de son assureur et numéro de sa police d'assurance, nom et adresse des témoins de l'accident, etc.).
2) **Le procès-verbal*** de l'huissier* en cas de contestation* concernant les dégâts matériels.
3) **Les certificats médicaux.**
4) **Un double du constat* amiable.**
5) **Les attestations* éventuelles des témoins de l'accident.**
6) **Le double (ou la photocopie) de vos lettres adressées aux assurances, à la Sécurité sociale, aux organismes de prévoyance.**
7) **Le double (ou la photocopie) des lettres adressées à vos conseils, aux autorités de police ou de justice.**
8) **Les récépissés et les avis de réception de vos lettres recommandées.**
9) **Les lettres ou convocations.**
10) **Les différents rapports ou constats.**
11) **Les projets de règlement amiable.**
12) **La photocopie des décisions de justice,** etc.

Conservez toujours par-devers vous une ou plusieurs photocopies des documents ci-dessus.

Déclarez l'accident aux assurances, à la Sécurité sociale, aux organismes de prévoyance.

Au regard de l'assurance vous pouvez être dans l'un des cas suivants :

• **Vous êtes assuré, et votre police d'assurance contient une clause * dénommée « Clause de défense et recours ».**

Dans les délais prévus au contrat * (généralement dans les cinq jours suivant la date de l'accident), adressez à votre assureur une lettre recommandée avec accusé de réception, accompagnée des documents (certificats médicaux, attestations, etc.) que vous aurez pu d'ores et déjà réunir et dans laquelle vous préciserez les circonstances de l'accident.

• **Vous êtes assuré, mais votre police * ne contient pas de clause « défense-recours ». Vous étiez, en qualité de passager, dans le véhicule accidenté, ou vous étiez piéton ou cycliste :**

Écrivez une lettre recommandée avec accusé de réception à l'assureur de la personne que vous estimez responsable du dommage pour lui faire connaître votre intention d'obtenir réparation du préjudice qui vous a été causé.

Joignez à votre lettre une photocopie des documents (certificats médicaux, attestations *, etc.) que vous avez pu réunir. Si vous n'avez pu vous procurer directement le nom et l'adresse de cet assureur, ceux-ci, comme le numéro du contrat *, pourront le plus souvent vous être communiqués par la gendarmerie ou la police.

• **Vous êtes assuré, mais sans clause « défense-recours », ou vous n'êtes pas assuré (passager, piéton, cycliste) et le véhicule impliqué dans l'accident est immatriculé dans l'un des pays suivants :**

– République fédérale d'Allemagne, Belgique, Luxembourg, Pays-Bas, Italie, Irlande, Royaume-Uni, Autriche, Finlande, Norvège, Suède, Suisse, Liechtenstein, Hongrie, Tchécoslovaquie, République démocratique d'Allemagne,

Adressez une lettre recommandée avec accusé de réception :

– au bureau central français des sociétés d'assurances. (Voir « Les Adresses utiles », p. 283.)

– ou à l'assureur français qui est mentionné sur la carte verte du véhicule étranger, comme correspondant du bureau central.

Précisez dans la lettre les circonstances de l'accident et joignez une photocopie des documents que vous aurez pu réunir.

• **L'auteur de l'accident s'est enfui ou n'est pas assuré :** joignez à votre lettre recommandée avec accusé de réception, la photocopie des documents du dossier tels qu'indiqués p. 52, et adressez-les au Fonds de Garantie automobile. (Voir « Les Adresses utiles », p. 283.)

Et maintenant si vous voulez en savoir plus... lisez ce qui suit :

Les différentes circonstances dans lesquelles vous pouvez être victime d'un accident de la circulation :

• *ACCIDENT SURVENU PENDANT VOS HORAIRES DE TRAVAIL OU SUR LE TRAJET DE VOTRE TRAVAIL :*

Reportez-vous au chapitre « Les Accidents du travail », p. 61.

• *ACCIDENT DE TRANSPORT :*

C'est celui qui survient alors que vous êtes transporté par un **professionnel** (chauffeur de taxi, propriétaire d'autocar, etc.).

Saviez-vous que le fait d'être transporté par un professionnel signifie que vous passez avec ce dernier un **contrat** et qu'aux termes de ce contrat vous devez :

- payer le prix de votre transport,
- vous comporter en bon passager, c'est-à-dire ne pas commettre d'acte susceptible de provoquer un accident.

Aux termes du même contrat, le professionnel doit :

- vous conduire à l'**endroit convenu,**
- vous y conduire **sain et sauf.**

---

*En cas d'accident de transport, vous serez en droit de demander à celui qui vous transporte de réparer les conséquences du **dommage corporel* et celles du dommage matériel*** (détérioration de vos vêtements, bagages, objets divers, en votre possession à cet instant).*

Le transporteur n'a pas respecté le contrat * et notamment, l'obligation qui était la sienne de vous conduire sain et sauf vers votre destination, lorsque au cours du parcours survient un accident et que vous êtes blessé.

Il vous aura causé ainsi un dommage * qu'il devra réparer sauf s'il parvient à démontrer que l'accident s'est produit dans des circonstances exceptionnelles :

– en raison d'un cas de force majeure *, par exemple : plaque de verglas sur la route par temps sec, animal traversant brusquement la route. Toutefois, les tribunaux admettent très difficilement de retenir cette force majeure : elle doit être « imprévisible et irrésistible »...

– ou bien parce qu'une autre personne a provoqué l'accident dans les conditions que l'on ne pouvait ni prévoir, ni éviter.

Attention : Si vous êtes transporté à titre bénévole par le conducteur d'un véhicule (auto-stop par exemple) et que vous êtes alors victime d'un accident de la circulation, vous ne bénéficierez pas des modalités d'indemnisation particulières aux accidents de transport.

Vous pourrez toutefois obtenir la réparation de vos préjudices mais dans les conditions retenues pour les accidents ordinaires (également dénommés « accidents de droit commun », voir ci-après).

• *ACCIDENTS ORDINAIRES OU DE DROIT COMMUN*

Ces accidents sont dits ordinaires parce qu'ils ne sont intervenus :

– ni à l'occasion de l'exécution de votre contrat de travail,

– ni à l'occasion du contrat vous liant à un transporteur professionnel.

Le principe :

Lorsque l'accident est provoqué par un véhicule, le conducteur de ce véhicule est réputé responsable de cet accident.

Les exceptions à ce principe :

Le conducteur ne pourra être totalement dégagé de cette présomption* de responsabilité que s'il parvient à démontrer que :

1) **L'accident est dû à un cas de force majeure** (voir p. 55).

2) **L'accident a été provoqué par l'action d'une autre personne** qu'il ne pouvait ni prévoir ni éviter.

Chapitres à consulter :

- Comment obtenir réparation dans le cadre du procès pénal, *p. 23.*
- Qui est responsable ?, *p. 177.*
- Les assurances, *p. 203.*
- La réparation des préjudices, *p. 195.*
- La prescription, *p. 219.*
- Comment percevoir rapidement une indemnité *p. 243.*
- L'aide judiciaire, *p. 275.*
- L'arrangement amiable, *p. 267.*

Modèle d'attestation

Je soussigné(e) (*nom et prénom*) ____________________
né(e) le ____________________
à ____________________ de nationalité *(indiquer votre nationalité)*, profession, ____________________ demeurant à *(adresse complète)* ____________________
déclare n'être ni parent(e), ni allié(e) avec ____________________ *(dans le cas contraire, précisez le degré de parenté ou d'alliance)*, déclare ne pas employer ____________________ ne pas être leur employé(e) *(dans le cas contraire, préciser le lien de travail)*, et atteste avoir été le témoin direct des faits suivants *(le témoin décrira ici précisément les circonstances de temps, lieu et faits de l'accident) :*
____
____

Je suis averti(e) que l'attestation que je viens de rédiger pourra être produite en Justice. J'autorise ____________________ à la verser devant le tribunal. Je suis par ailleurs informé(e) qu'une fausse attestation ou une attestation mensongère m'exposerait à des sanctions pénales.

Fait à ____________________ Le ____________________

Signature du témoin

N. B. – Attention : cette attestation remise par le témoin devra être rédigée de la main de ce dernier. Elle sera obligatoirement accompagnée de la photocopie d'un document d'identité.

Les accidents du travail

DEUXIÈME PARTIE

Les accidents du travail sont très nombreux en France. En 1980 pour 14 085 397 salariés, on a compté 1 104 560 accidents du travail ayant entraîné un arrêt de travail. 129 424 travailleurs restent atteints d'une incapacité permanente et pour 2 380, l'accident du travail a été mortel ♦.

Qu'est-ce qu'un accident du travail ?

Il y a trois sortes d'accidents du travail : l'accident du travail proprement dit, l'accident de trajet et la maladie professionnelle.

• *L'ACCIDENT DU TRAVAIL*

Les travailleurs sont plus exposés que les personnes inactives à des accidents. A l'atelier, sur un chantier, au bureau, on peut se blesser, parfois mortellement à la suite de chocs, de chutes (d'un échafaudage ou dans un escalier, par exemple) ou du fait du caractère dangereux des machines ou des outils qu'on utilise : **l'accident de travail est celui qui se produit pendant la durée du travail.**

♦ Les chiffres de 1981 qui ne sont pas encore officiellement connus devraient être sensiblement équivalents.

Pour être considéré comme accident du travail, il faut que celui-ci se produise sur le lieu et pendant le temps de travail.

Vous êtes considéré comme étant victime d'un accident de travail quand les deux conditions suivantes sont réunies :

1) **lorsqu'une blessure vous est causée avec une certaine soudaineté ;**

2) **lorsque cet accident s'est produit sur le lieu et pendant le temps de travail** alors que vous êtes sous l'autorité de votre employeur.

Vous êtes alors présumé * avoir subi un accident du travail et n'avez pas d'autre preuve à apporter. C'est le cas échéant, à votre employeur ou à votre caisse de Sécurité sociale de faire la preuve que le dommage * a une cause totalement étrangère au travail.

• *L'ACCIDENT DE TRAJET*

Ce peut être, en particulier, un **accident de la circulation.** Ce genre d'accident appelé « accident de trajet » est pour la loi un accident du travail.

***L'accident du trajet (de travail)** est celui qui survient en se rendant à son travail ou en revenant.*

On considère que vous êtes victime d'un accident du travail s'il survient pendant le trajet aller et/ou retour entre votre lieu de travail et :

– votre résidence principale,

– une autre résidence, si elle présente un certain caractère de stabilité,

– le lieu où vous prenez habituellement vos repas (cantine, restaurant situés en dehors de l'entreprise),

– tout autre lieu où vous vous rendez pour des motifs d'ordre familial.

L'interruption ou le détour fait perdre à l'accident son caractère d'accident de trajet sauf s'il est justifié par les nécessités essentielles de la vie courante ou professionnelle.

Au cours de ces trajets, il peut arriver que, pour des raisons diverses, vous vous arrêtiez momentanément en route, ou fassiez un détour par rapport à votre trajet habituel, par exemple :

– vous allez dans une boulangerie acheter du pain pour le dîner familial : si vous êtes victime d'un accident pendant le détour ou après le détour, vous êtes victime d'un accident de trajet ;

– en revanche, si vous vous arrêtez en route pour entrer dans un cinéma vous ne serez pas victime d'un accident de trajet au cas où, rentrant chez vous, vous seriez blessé après la sortie.

Vous pouvez être indemnisé par la compagnie d'assurances du responsable de l'accident ou par la Sécurité sociale, mais les ***deux indemnisations ne peuvent pas être cumulées.*** *C'est l'une ou l'autre.*

Dans un accident de trajet, le responsable, ou plus généralement sa compagnie d'assurances, doit normalement réparer le dommage * que vous avez subi, selon les règles normales de la responsabilité civile *. Mais il ne peut y avoir double indemnisation *, et, si vous avez reçu des prestations de la Sécurité sociale pour un accident du travail, votre préjudice * ne peut pas être réparé à la fois par le tiers * et par la Sécurité sociale. Vous ne pouvez donc agir contre le responsable que dans la mesure où votre préjudice n'est pas réparé par la Sécurité sociale.

De son côté, la Sécurité sociale a le droit d'obtenir de l'auteur de votre accident le remboursement des sommes qu'elle vous a versées.

Si une indemnisation * vous est accordée par un tribunal, la Sécurité sociale récupère sur le montant de cette indemnisation les dépenses qu'elle a faites en votre faveur.

A noter cependant qu'elle ne peut se rembourser sur la partie de l'indemnisation que le tribunal vous aurait accordée pour réparer :

- les dommages matériels (dégâts vestimentaires, réparation d'un véhicule notamment),
- les souffrances physiques ou morales,
- le préjudice esthétique ou d'agrément.

En cas de procès, prévenez ou demandez à votre avocat de faire prévenir la caisse de Sécurité sociale afin qu'elle puisse exercer son ***recours*** *.

Les règles ci-dessus s'appliquent aussi aux accidents de trajet causés par l'employeur ou un autre travailleur de l'entreprise, et aux accidents de travail dus à une faute intentionnelle de l'employeur ou de l'un de ses préposés *.

• *LA MALADIE PROFESSIONNELLE*

Certaines conditions de travail, certains produits manipulés ou respirés par les travailleurs peuvent provoquer des maladies, par exemple :

– le saturnisme causé par le plomb, la silicose engendrée par les poussières de silice, la surdité entraînée par le bruit, etc.

Pourtant, toutes les maladies ayant un rapport avec le travail ne sont pas des maladies professionnelles ; seules le sont celles qui sont inscrites sur la liste officielle ♦.

Les maladies professionnelles sont considérées comme des accidents du travail et comme tels donnent le même droit à réparation. ***Renseignez-vous* pour savoir si votre maladie figure sur la liste officielle des maladies professionnelles*** ♦.

Pour bénéficier de l'indemnisation propre aux maladies professionnelles, vous devrez établir que :

1) vous êtes atteint d'une des maladies figurant sur la liste officielle,

2) vous avez effectué l'un ou l'autre des travaux mentionnés sur le tableau correspondant à cette maladie,

3) le délai maximum prévu par le tableau entre la fin du travail dangereux et la constatation de votre maladie n'a pas été dépassé.

Si ces trois conditions ne sont pas réunies, la maladie sera prise en charge dans le seul cadre de l'assurance maladie.

Si vous êtes victime d'un accident du travail ou d'une maladie professionnelle, quels sont vos droits ?

VOTRE EMPLOI EST PROTÉGÉ

La loi interdit à l'employeur de licencier le travailleur victime d'un accident de travail ou d'une maladie profession-

♦ Voir p. 12 auprès de qui vous pouvez vous renseigner.

nelle pendant qu'il est en arrêt de travail. Après l'arrêt de travail, l'employeur doit offrir au salarié un emploi identique ou le reclassement.

Votre employeur n'a pas le droit de vous licencier. Vous devez retrouver votre emploi.

LA SÉCURITÉ SOCIALE COUVRE LES DOMMAGES QUE VOUS AVEZ SUBIS

Tous les salariés, toutes les personnes qui travaillent pour un employeur (et aussi certaines personnes non salariées) sont pris en charge par leur caisse d'assurance maladie qui :

– assure la **gratuité des soins** et de la rééducation,

– verse des **indemnités journalières** pendant la période d'incapacité ou **une rente** si le blessé reste atteint d'une incapacité permanente.

En cas de décès, certains des proches parents peuvent prétendre à une rente.

La Sécurité sociale vous doit les prestations suivantes :
– une réparation forfaitaire,
– la gratuité des soins et de la rééducation,
– une indemnisation journalière,
– et dans certains cas, une indemnisation complémentaire.

La Sécurité sociale vous fait ainsi bénéficier de prestations qui sont fournies par les caisses, mais leur financement est à la charge de votre employeur qui verse, et lui seul, des cotisations à cet effet.

Les indications qui suivent sont sommaires. N'hésitez pas à vous renseigner auprès de votre centre habituel de Sécurité sociale.

LES SOINS COUVERTS PAR LA GRATUITÉ

La gratuité concerne les frais médicaux, les frais chirurgicaux, les frais pharmaceutiques, les frais d'hospitalisation (dans un hôpital ou une clinique conventionnée), la fourniture, la réparation et le renouvellement de l'appareillage ou des prothèses nécessaires. Vous pouvez également bénéficier d'une réadaptation fonctionnelle ou d'un stage de rééducation professionnelle.

A l'issue de la rééducation professionnelle, votre caisse de Sécurité sociale peut vous consentir un **prêt d'honneur** qui doit être utilisé pour une installation dans une entreprise artisanale, industrielle ou agricole.

LE CALCUL DE L'INDEMNITÉ JOURNALIÈRE

D'abord, sachez que votre employeur vous doit votre salaire pour le jour de l'accident.

Vous percevrez ensuite une indemnité * journalière destinée à compenser votre perte de gain consécutive à l'accident. Celle-ci vous sera versée jusqu'à votre guérison ou jusqu'à la date à laquelle votre blessure sera considérée comme étant consolidée *.

L'indemnité * journalière est calculée à partir d'un salaire journalier égal au salaire de votre dernier mois de travail, divisé par le nombre de jours ouvrables.

Vous avez droit à la moitié de ce salaire journalier pendant les 28 premiers jours et au tiers à partir du 29e jour.

En cas d'hospitalisation, l'indemnité * journalière n'est pas réduite.

L'indemnité journalière vous est due à compter du lendemain du jour de l'accident et vous sera payée pour tous les jours ouvrables ou non, pendant toute la durée de votre incapacité temporaire de travail.

Bien que beaucoup plus avantageuse que celle versée au titre de l'assurance maladie, l'indemnité * journalière en matière d'accident du travail ne couvre pas totalement la perte de salaire consécutive à l'arrêt de travail. Mais des conventions collectives et la loi sur la mensualisation prévoient, pour certains salariés, le paiement par l'employeur de compléments de salaire pendant un certain temps.

LE CALCUL DE LA RENTE D'INCAPACITÉ PERMANENTE

Si, à la fin du traitement (consolidation *), l'accident du travail a laissé subsister une réduction définitive, partielle ou totale de votre capacité de travail, la caisse de Sécurité sociale constituera un dossier pour vous faire bénéficier d'une rente calculée en fonction :

1) du taux d'incapacité permanente dont vous restez atteint. Ce taux est fixé à partir d'un barême indicatif tenant compte à la fois de la nature de l'infirmité elle-même et de ses conséquences résultant de divers éléments (votre âge, vos capacités professionnelles antérieures, etc.).

Le taux d'incapacité, une fois fixé, est « corrigé » pour aboutir au taux définitif : jusqu'à 50 %, il est réduit de moitié ; au contraire, la partie dépassant 50 % est augmentée de moitié.

---

*Il peut vous être versé dans certains cas un complément de salaire, ou une **rente d'incapacité permanente**. Si vous n'êtes pas d'accord sur son montant, renseignez-vous auprès de votre caisse locale.*

Si vous n'êtes pas d'accord avec le taux d'incapacité attribué par la caisse, vous pouvez former un recours * devant une commission technique régionale. L'adresse de cette commission, la manière de former votre recours vous seront précisées par votre caisse locale.

2) des salaires perçus au cours des douze mois qui ont précédé votre arrêt de travail.

Un salaire forfaitaire minimum est pris en considération

quand le salaire réel est trop bas ; au contraire, quand le salaire est très élevé, il est plafonné. En 1982, par exemple, les salaires ne dépassant pas 109 324 F par an sont repris en totalité, au-delà de cette somme et jusqu'à 437 297 F par an ils ne sont retenus que pour le tiers.

Le montant de la rente résulte de la multiplication du salaire retenu par le taux d'incapacité « corrigé » :

rente = salaire retenu × taux d'incapacité « corrigé »

Sachez aussi que :

– si vous avez besoin de l'aide d'une personne pour les actes courants de la vie quotidienne parce que votre incapacité permanente de travail est totale, votre rente sera majorée de 40 %, sans que cette augmentation puisse être inférieure à un certain minimum (en 1982, il a été de 39 618 F par an) ;

– quel que soit le montant de la rente, vous pouvez demander à votre caisse de Sécurité sociale qu'elle soit remplacée par le versement d'un capital. C'est ce qu'on appelle le **rachat de rentes.** Mais, cette opération n'est possible que dans certaines limites et après une enquête faite sur l'utilisation du capital, afin de garantir aux victimes des ressources constantes.

Renseignez-vous auprès de votre caisse pour savoir si vous pouvez remplacer votre rente par le versement d'un capital.

— si vous bénéficiez d'une rente, **vous pouvez, alors même que vous reprenez un emploi, cumuler votre rente avec votre salaire,** quel que soit le montant de ce dernier.

Les indemnités* journalières et les rentes ne sont pas imposables.

LES RENTES EN CAS DE DÉCÈS DE LA VICTIME

En cas d'accident mortel du travail, la caisse de Sécurité sociale verse des rentes à certains des proches parents de la victime (conjoint, enfants et, sous certaines conditions, ascendants).

Il en est de même si la victime décède un certain temps après l'accident et que le décès soit la conséquence directe de l'accident de travail.

La totalité des rentes versées aux proches parents ne peut dépasser 85 % du salaire annuel de la victime.

*Pouvez-vous obtenir une indemnisation * complémentaire de celle de la Sécurité sociale ?*

Pour les accidents du travail, les prestations de la Sécurité sociale sont plus complètes et plus avantageuses que celles accordées en cas d'accident ou de maladie ordinaire. Mais la réparation * assurée par la Sécurité sociale est *forfaitaire,* ce qui veut dire que :

– cette réparation peut être incomplète, la perte de salaire n'étant pas toujours entièrement compensée, et certains préjudices * (tels la souffrance physique et morale, le préjudice * esthétique) n'étant pas pris en compte par la Sécurité sociale ;

– vous n'avez pas le droit de réclamer une somme plus élevée à votre employeur ou au travailleur de l'entreprise, auteur de l'accident.

Il existe cependant quelques **exceptions au principe de la réparation * forfaitaire :**

Si à l'origine de l'accident on découvre une faute **inexcusable** de l'employeur, bien qu'il n'ait pas eu l'intention de causer le dommage *, la réparation * sera plus large :

a) **majoration de la rente versée par la caisse de Sécurité sociale**

b) **obligation pour l'employeur de réparer :**

– le préjudice * résultant des souffrances morales et physiques,

– le préjudice * d'agrément et esthétique,
– le préjudice * pour perte ou diminution des possibilités de promotion professionnelle,
– le préjudice * moral de vos proches parents, en cas de décès.

Attention ! *la réparation assurée par la Sécurité sociale est forfaitaire, mais exceptionnellement elle peut être plus large si l'accident a été causé par une faute* ***inexcusable*** *de l'employeur.*

A défaut d'accord amiable * entre vous et la caisse d'une part et votre employeur d'autre part, sur la nature inexcusable de la faute et de ses conséquences, les problèmes qui restent en litige * seront tranchés par la commission de première instance de la Sécurité sociale qui peut être aussi saisie par la caisse.

Dès qu'un accident survient ou qu'une maladie professionnelle se déclare, voici ce qui doit être fait :

• **Informez votre employeur par lettre recommandée avec accusé de réception,** le jour même de l'accident ou au plus tard dans les 24 heures, (sauf en cas d'impossibilité absolue). Joignez-y le certificat médical. Indiquez si possible les témoins de l'accident.

C'est à votre employeur de prévenir votre caisse de Sécurité sociale. Mais, s'il ne le fait pas, déclarez vous même l'accident à votre caisse le plus tôt possible (et en tout cas dans un délai maximum de deux ans).

Dans les 48 heures suivant, soit la réception de votre lettre, soit le moment où il a eu connaissance de l'accident, votre employeur doit :

– adresser une déclaration d'accident de travail à votre caisse et vous remettre une feuille d'accident.

• **Faites établir immédiatement par votre médecin un certificat médical** qui comporte trois volets :

– *le volet 1, que vous conservez,* sert à consigner, pendant toute leur durée, les soins qu'il vous dispense ;

– *le volet 2 est conservé par le médecin* pour se faire rembourser par la caisse. Celui-ci ne vous demandera pas d'honoraires ;

– *le volet 3 est remis au pharmacien* qui vous délivrera gratuitement les médicaments prescrits.

Pour la constitution de votre dossier « accident du travail » conservez par-devers vous une ou plusieurs photocopies des certificats médicaux qui vous seront remis.

Lorsque votre état (qui peut vous laisser atteint d'une certaine incapacité de travail) ne peut plus évoluer et peut donc être considéré comme stabilisé, votre médecin doit établir un **certificat de fin de soins ou de consolidation** * dans lequel il décrira la blessure et ses conséquences, la durée de votre arrêt de travail et la date de guérison ou de « consolidation » *.

Le cas échéant, il établira des **certificats de prolongation de soins ou d'arrêt de travail.**

Après votre guérison apparente, il peut arriver que vous subissiez une rechute consécutive à votre accident ou une aggravation de votre état entraînant une nouvelle incapacité de travail. Prévenez immédiatement votre caisse de Sécurité sociale en lui faisant parvenir un certificat médical constatant cette rechute ou cette aggravation. N'oubliez pas d'indiquer la date de l'accident initial.

Attention ! vous pouvez faire l'objet d'un contrôle du médecin-conseil de la Sécurité sociale ou bien d'une enquête si le caractère professionnel de l'accident est contesté.

Dans certains cas, la caisse de Sécurité sociale peut procéder à une enquête et vous convoquer pour vous faire examiner par un de ses médecins-conseils ; à cette occasion, lui ou le personnel de la Sécurité sociale vous précisera vos droits au cours de cette enquête.

Il peut arriver que la caisse vous informe, par lettre recommandée, de son intention de contester le caractère professionnel de l'accident. Cette contestation * doit toutefois être faite dans les 20 jours suivant la date à laquelle la caisse a été pour la première fois avisée de votre accident du travail. Passé ce délai, vous êtes définitivement considéré comme ayant été victime d'un accident du travail.

---

*Vous devez lire très soigneusement les documents qui vous sont adressés par votre caisse. Ils indiquent toujours dans quelles conditions et dans quels délais vous pouvez contester les décisions qui vous sont notifiées *.*

Cette contestation * ne signifiera pas obligatoirement un refus de prise en charge, mais provisoirement, vous ne recevrez plus que les prestations d'assurance maladie. La caisse, après enquête, vous fera connaître sa décision en vous indiquant de quelles possibilités de recours * vous disposez.

Règles légales sur la protection de votre emploi.

Les règles légales qui suivent concernent les victimes d'un accident du travail ou d'une maladie professionnelle.

Si vous êtes victime d'un accident de trajet, ces règles ne vous concernent pas, mais sachez que certaines conventions collectives contiennent des dispositions sur la garantie d'emploi des victimes d'un accident de trajet.

PENDANT LA PÉRIODE D'ARRÊT DE TRAVAIL

Il est interdit de licencier un accidenté du travail, et cela même pendant le temps passé pour attendre et suivre un stage de réadaptation, de rééducation ou de formation professionnelle.

Tout licenciement qui interviendrait pendant cette période de protection, c'est-à-dire pendant la période d'absence de l'entreprise, serait nul.

Vous ne pouvez pas être licencié pendant l'arrêt de travail consécutif à un accident de travail.
Deux exceptions :
– si vous êtes responsable d'une faute grave,
– s'il y a impossibilité du maintien du contrat de travail.

Vos avantages ne sont pas suspendus pendant la période de protection, celle-ci est prise en compte pour le calcul des avantages (par exemple : prime d'ancienneté, indemnité compensatrice de préavis, indemnité de licenciement).

Le code du travail prévoit cependant deux hypothèses où le licenciement reste possible :

– la faute grave du salarié qui doit être prouvée par l'employeur,

– l'impossibilité pour l'employeur de maintenir le contrat * de travail. L'employeur doit démontrer que cette impossibilité n'est pas liée à l'accident de travail ou à la maladie professionnelle.

APRÈS L'ARRÊT DE TRAVAIL

– Si le salarié est déclaré par le médecin apte à reprendre son emploi, l'employeur est tenu de lui **rendre l'emploi qu'il occupait avant l'accident du travail** ou de lui offrir un **emploi similaire** avec une rémunération équivalente.

– Si le salarié est déclaré inapte à reprendre son emploi précédent, l'employeur doit, compte tenu des conclusions du médecin du travail et après avoir pris l'avis des délégués du personnel, lui proposer un **emploi approprié à ses nouvelles capacités** et aussi proche que possible de l'emploi précédent.

Cette proposition de reclassement peut impliquer l'intervention de mesures telles qu'une mutation, l'aménagement ou la transformation d'un poste de travail.

Vous devez obtenir :
– la réintégration dans votre emploi précédent,
– l'offre d'un emploi similaire avec maintien du traitement,
– l'offre d'un autre emploi.
mais, vous ***pouvez être licencié dans certains cas.***

Le licenciement ne peut intervenir que si l'employeur justifie qu'il est dans l'impossibilité de proposer le reclassement, ou que le salarié a refusé l'emploi proposé. Dans ces cas seulement, et sauf si l'employeur établit que le refus par le salarié est abusif, ce dernier a droit à une **indemnité compensatrice de préavis** et à une **indemnité spéciale de licenciement.**

Saisissez le conseil de prud'hommes si toutes ces règles n'ont pas été respectées.

Lorsque les règles relatives au reclassement n'ont pas été respectées, le conseil des prud'hommes peut provoquer la réintégration du salarié avec maintien des avantages acquis. Si l'employeur ou le salarié refuse la réintégration, le conseil des prud'hommes doit octroyer au salarié l'indemnité * de licenciement qui ne peut être inférieure à douze mois de salaire, une indemnité * compensatrice de préavis et une indemnité * spéciale de licenciement.

Le code du travail contient également des mesures similaires pour protéger les victimes d'un accident de travail dont le **contrat * de travail est à durée déterminée.**

Chapitres à consulter :

- La réparation des préjudices, *p. 195.*
- L'aide judiciaire, *p. 275.*

Les accidents scolaires ou sportifs

DEUXIÈME PARTIE

Certains accidents, à cause des circonstances dans lesquelles ils sont intervenus, présentent parfois des particularités que vous devez connaître. C'est le cas notamment des accidents survenus à l'école ou à l'occasion de la pratique d'un sport.

LES ACCIDENTS SCOLAIRES

Votre enfant est victime d'un accident dans une école publique ou privée (ayant conclu un contrat d'association avec l'Etat) ou à l'occasion d'activités scolaires.

---

*Dans quelles conditions pouvez-vous réclamer réparation * ?*

---

1) **Il faut que l'accident ait eu lieu alors que l'enfant était sous la surveillance d'un enseignant ou de tout préposé de l'établissement.**

C'est le cas s'il se blesse en jouant dans la cour de récréation ou en dehors de l'école, à l'occasion d'une visite de musée guidée par le professeur, mais non s'il se blesse dans la rue en rentrant vers son domicile,

2) *Il faut que la blessure de votre enfant* (qu'il se soit blessé seul ou l'ait été par la faute d'un autre enfant) *soit la conséquence directe :*

– **d'une faute personnelle** de l'enseignant,

– **ou d'une faute de service** d'un responsable de l'établissement (entretien défectueux des locaux ou du matériel scolaire...).

et vous devrez le prouver.

A qui, comment et quand réclamer réparation ?*

Quand vous avez constitué votre dossier, adressez-vous au préfet-commissaire de la République du département dont dépend l'établissement scolaire.

Le tribunal qui jugera votre affaire sera, selon qu'il s'agit :

– **d'une faute personnelle de l'enseignant :** le tribunal de grande instance du lieu où le dommage * a été subi (ou le juge d'instance si vous estimez votre préjudice * à une somme inférieure à 20 000 F),

– **d'une faute de service d'un responsable de l'établissement :** le tribunal administratif du lieu de l'accident.

Attention ! Vous avez 3 ans à compter du jour de l'accident pour exercer votre recours *, devant le tribunal de grande instance.

Bien que cela ne soit pas obligatoire, vous avez intérêt à assurer votre enfant. Le choix de l'assureur est libre.

L'assurance est recommandée mais non obligatoire pour les activités scolaires habituelles à l'intérieur ou à l'extérieur de l'établissement, mais il est préférable d'assurer vos enfants contre les accidents dont ils pourraient être victimes car la difficulté qu'il y a, en pratique, à prouver la faute de l'établissement fait que votre assurance couvrira mieux et plus vite vos dommages *.

L'assurance est toutefois obligatoire :

– si votre enfant est inscrit à des **activités scolaires facultatives,** par exemple : excursions exceptionnelles ;

– ou si votre enfant, dans le cadre scolaire, **s'adonne à certains sports jugés dangereux,** comme le ski.

Consultez l'établissement scolaire sur le problème de l'assurance au moment de l'inscription de votre enfant à des activités facultatives.

Dans tous les cas où l'assurance vous rembourse les frais entraînés par l'accident scolaire, vous conservez en outre le droit de réclamer à l'établissement réparation * des préjudices * causés par sa faute éventuelle.

Si vous n'avez pas pris la précaution de vous assurer et que le recours * contre l'établissement vous paraît long et incertain, adressez-vous à votre caisse de Sécurité sociale pour connaître l'étendue des frais qu'elle pourra couvrir.

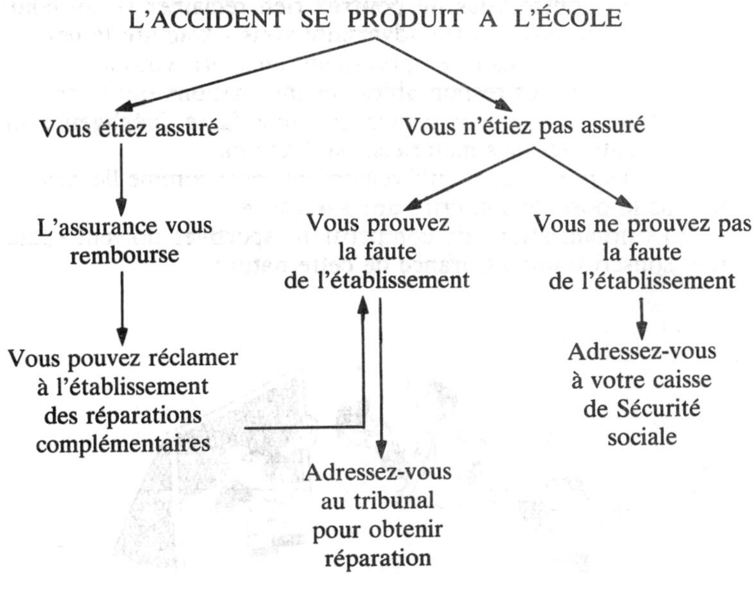

LES ACCIDENTS SPORTIFS

Devant la multiplication des activités sportives et des risques d'accidents qui surviennent à l'occasion de leur pratique, les tribunaux ont déterminé des solutions propres aux accidents sportifs.

Reportez-vous aux règles du sport que vous pratiquez pour savoir si vous êtes en droit de réclamer réparation à la personne qui vous a blessé, puis au responsable de l'activité sportive ou de l'installation où vous avez été blessé.

Si vous êtes blessé par un autre sportif, vous pourrez obtenir de lui réparation * s'il n'a pas respecté les règles de ce sport. Ainsi vous pourrez réclamer des dommages-intérêts * au joueur de football qui, au cours d'une partie, vous a porté un coup alors que ni lui, ni vous, n'étiez en train de disputer le ballon ; par contre vous ne pourrez rien réclamer si, au cours d'un match de boxe, votre adversaire vous a fracturé le nez.

Si vous vous blessez en pratiquant un sport, vous n'aurez de recours * contre les responsables des installations sportives qu'à la condition de prouver contre eux une faute (négligence ou mauvais entretien des matériels, par exemple).

Si vous pratiquez régulièrement un sport comme licencié, la loi vous impose de souscrire une assurance.

Les organisations de compétitions sportives doivent également souscrire une assurance de cette nature.

Chapitres à consulter :

Coups et blessures

DEUXIÈME PARTIE

Vous avez été agressé par quelqu'un qui vous a volontairement porté des coups et vous a infligé des blessures.

Vous voulez porter plainte.

Devant qui porter plainte ?

– soit au poste de **gendarmerie ou de police** le plus proche du lieu de l'agression ;

– soit auprès des services du **procureur de la République** * du tribunal de grande instance du lieu de l'agression ou de celui du domicile de votre ou vos agresseurs, si vous avez pu les identifier.

Réunissez tous les documents utiles avant d'aller porter plainte.

Dans votre plainte mentionnez en détail les circonstances de l'agression ainsi que les dégâts matériels (vêtements abîmés, objets détériorés, etc.) qu'elle a pu occasionner.

S'il n'est pas donné suite à votre plainte, ***consultez un avocat**** *avant de vous constituer partie civile* *

Vous serez ultérieurement informé des suites données à votre plainte. (Voir chapitre « Comment engager un procès pénal ? », p. 29.)

Quel tribunal jugera votre agresseur ?

Si l'enquête a bien établi l'identité de votre agresseur et sa responsabilité dans les blessures dont vous êtes victime, selon leur gravité, le tribunal qui jugera sera différent.

Le tribunal compétent dépend des circonstances et des conséquences de l'agression.

– si votre **incapacité est inférieure à 8 jours,** c'est le **tribunal de police** * qui, sauf circonstances spéciales, est seul compétent ;
– si votre **incapacité est supérieure à 8 jours,** c'est le **tribunal correctionnel** * qui jugera ;
– si les coups et blessures ont eu des **conséquences encore plus graves,** par exemple, si la victime a succombé à ses blessures ou a subi de graves mutilations, la **cour d'assises** * sera saisie *.

Les précautions à prendre pour obtenir réparation.

Il est recommandé, afin de rendre difficile toute contestation * ultérieure par votre agresseur, de fournir aux enquêteurs les noms et adresses des éventuels témoins qui ont pu assister à la scène.

Souvenez-vous à cet égard que, sous le coup de l'émotion, les personnes présentes lors de l'agression vous promettront leur témoignage, puis, le temps passant, pourront ne pas tenir leur promesse, par négligence ou indifférence.

Pensez à recueillir l'identité et l'adresse des témoins. Demandez-leur une ***attestation*** ** que vous communiquerez aux enquêteurs.*

Prenez donc la précaution de demander ou de faire demander immédiatement à ces témoins de vous indiquer leurs nom et adresse afin de pouvoir les communiquer ultérieurement aux enquêteurs. Conservez précieusement la feuille sur laquelle sont inscrits ces renseignements.

Aussitôt que possible, n'hésitez pas à écrire aux témoins ou à leur faire écrire pour leur demander de rédiger à votre intention une **attestation** * dans laquelle ils décriront avec le plus d'exactitude possible les circonstances de l'agression à laquelle ils ont assisté.

Joignez à votre plainte un certificat médical.

Surtout n'oubliez pas que vous devez joindre à votre plainte un certificat médical décrivant avec exactitude vos blessures, ainsi que la durée de l'incapacité de travail que vous avez subie.

En effet, comme nous l'avons vu, ces renseignements permettront de déterminer le tribunal compétent pour statuer * sur votre affaire : tribunal de police * pour les contraventions *, tribunal correctionnel * pour les délits *, cour d'assises * pour les crimes *.

En outre, c'est en se fondant sur ces divers éléments que le tribunal pourra évaluer le montant de l'indemnité * à laquelle vous pouvez prétendre.

Ne vous séparez pas des vêtements ou des objets qui ont pu être détériorés lors de votre agression.

N'oubliez pas que les objets et les vêtements que vous portiez au moment de l'agression constituent autant d'éléments de preuves des dégâts matériels que vous avez subis. Avant de les faire réparer :

– faites **constater par un huissier** * les dégâts,

– présentez-les aux enquêteurs qui auront recueilli votre plainte, afin qu'ils puissent **constater par procès-verbal** * les dégradations * dont ils ont fait l'objet,

– enfin, si vous les avez gardées, présentez les factures d'achat de ces objets ou de ces vêtements ainsi que celles de leur réparation.

Dans quel cas pouvez-vous invoquer la légitime défense ?

La protection et la défense des Français, comme d'ailleurs des étrangers se trouvant sur notre territoire, sont prévues par les lois pénales de notre pays.

Elles sont assurées par les autorités publiques chargées de faire respecter ces lois : magistrats, policiers, gendarmes...

Devez-vous pour autant subir une agression sans pouvoir vous défendre ? Certainement pas.

Encourez-vous des sanctions pénales parce qu'à l'occasion de votre défense, vous aurez pu porter, à votre tour, à votre agresseur des coups et blessures plus ou moins graves ? Cela dépendra des circonstances...

Quand peut-on parler de légitime défense ?

La loi et les tribunaux estimeront qu'une personne était légitimement en droit de se défendre si elle a été agressée, **(légitime défense de soi-même)** pour défendre autrui **(légitime défense d'autrui).** Le droit de se défendre peut justifier que des coups, même mortels, soient portés à l'agresseur. La personne agressée ne sera pas pénalement punissable ou susceptible d'être condamnée à réparer le préjudice * de l'agresseur.

Mais attention, exercer son droit de légitime défense ne signifie pas se faire justice à soi-même, ou bien encore se venger, toutes attitudes réprimées par nos lois.

QU'EST-CE QUE LA LÉGITIME DÉFENSE ?

C'est un acte de *défense* consistant à repousser *immédiatement* une agression commise contre soi-même ou contre autrui.

QUAND INTERVIENT LA LÉGITIME DÉFENSE ?

Lorsque l'agressé, en raison notamment de la *soudaineté ou de l'imprévisibilité de l'agression,* ne peut pas se placer sous la protection des autorités publiques chargées de faire respecter les lois ni faire appel à ces dernières en temps utile.

COMMENT S'EXERCE LA LÉGITIME DÉFENSE ?

La légitime défense doit être **nécessaire** et **proportionnée** à la gravité de l'attaque.

Elle doit en outre correspondre à une « nécessité actuelle », c'est-à-dire constituer une **riposte à une attaque immédiate,** ou en tout cas imminente. En effet, en cas de réaction contre une attaque déjà passée (l'agresseur s'étant retiré), il n'y a pas légitime défense, mais vengeance.

De même, il n'y a pas davantage légitime défense dans l'hypothèse où des actes de violence sont commis afin de prévenir une agression **future** et **incertaine :** nul en effet ne doit se faire justice à titre préventif.

Attention, *ne croyez pas que quelles que soient les circonstances dans lesquelles vous l'avez exercée, la légitime défense vous assure l'impunité.*

Il est à noter que le législateur a prévu des « cas privilégiés » de légitime défense, c'est-à-dire des situations particulières dans lesquelles on suppose, jusqu'à preuve du contraire, que l'on se trouvait en présence d'un cas de légitime défense.

Il en est ainsi lorsque les blessures ont été faites ou les coups portés en repoussant pendant la nuit l'escalade ou l'effraction des clôtures, murs ou entrées d'un appartement habité ou de leurs dépendances, ou lorsqu'elles ont eu lieu en se défendant contre les auteurs de vols ou de pillages exécutés avec violences.

QUELQUES EXEMPLES DE LÉGITIME DÉFENSE

1er exemple :

Paul porte le premier à Pierre des coups de poing, ou Paul porte à Charles des coups de poing, Pierre étant présent.

Pierre se défend, repousse l'agression de Paul et porte à ce dernier des coups de poing qui entraînent des blessures pour ce dernier.

Pierre ayant agi en état de légitime défense et sa réaction

étant proportionnée à la gravité de l'attaque, il n'encourt aucune condamnation.

De même, Pierre porte à Paul des coups de poing ou de pied pour défendre Charles qui n'était pas en mesure de le faire. Pierre est, dans ce cas également, considéré comme ayant agi en état de légitime défense (d'autrui).

2e exemple :

Paul porte le premier des coups de poing à Pierre ou à Charles. Pierre s'empare d'un fusil, tire sur Paul provoquant à ce dernier des blessures graves ou même mortelles.

La riposte de Pierre étant disproportionnée par rapport à la nature de l'agression de Paul, Pierre ne sera pas considéré comme ayant agi en état de légitime défense.

3e exemple :

Paul porte de violents coups à Pierre ou à Charles puis s'en va. Le lendemain, ou même dans les heures qui suivent, Pierre rencontre à nouveau Paul et le frappe avec une égale violence.

Il n'y a pas dans ce cas de légitime défense pour Pierre, mais une vengeance qui sera réprimée comme telle.

4e exemple :

La disproportion entre l'agression et la défense est aussi appréciée en fonction des individus en présence :

Si Jacques, un colosse, porte des coups de poing à Henri, infirme, et que ce dernier prend un fusil et tire sur Jacques il y a légitime défense si la menace constituée par Jacques était telle, compte tenu de l'état d'Henri, que celui-ci ne pouvait se défendre qu'avec un moyen susceptible de rétablir l'équilibre des forces.

LA PROVOCATION : ATTÉNUATION DE LA PEINE

Si l'état de légitime défense reconnu justifie les coups et blessures qui peuvent être portés par l'agressé à son agresseur et entraîne l'impunité de l'agressé, il n'en est pas de même en cas de simple provocation.

Si vous avez été l'objet d'une provocation, cela ne peut entièrement justifier le recours à la légitime défense.

La provocation ne constitue tout au plus qu'une excuse. Si elle est reconnue et retenue par les tribunaux, elle ne dispensera pas (comme en matière de légitime défense) son auteur d'une sanction pénale * ou de la réparation * du préjudice * subi par celui qui a reçu les coups et blessures.

Si l'excuse de provocation est retenue, il en résulte pour l'auteur des coups et blessures un abaissement sensible de la peine qui aurait pu être prononcée à son encontre, et un éventuel partage avec le provocateur des responsabilités dans la détermination du préjudice *.

Pourquoi pas l'impunité ?

La légitime défense correspond à une **nécessité,** souvent vitale : celle de se **défendre** contre une agression en la repoussant.

La provocation, attitude qui ne met pas forcément en péril l'intégrité physique de celui ou de celle qui la subit, n'implique pas nécessairement une riposte de la part de ce dernier.

Si cette riposte est exercée, c'est qu'elle a été voulue par celui qui l'exerce, que les coups et blessures qu'il a portés l'auront été volontairement et qu'à ce titre ils sont condamnables.

Toutefois, les tribunaux admettent que le libre arbitre ou le contrôle de celui qui aura exercé les violences a pu être quelque peu perturbé par les agissements du provocateur et que ce dernier porte une part de responsabilité dans la perte de ce contrôle ou de ce libre arbitre.

C'est la raison pour laquelle les tribunaux, tout en reconnaissant le caractère condamnable des actes de l'auteur des violences, admettent la réduction de la peine encourue.

Chapitres à consulter :

- Comment obtenir réparation dans le cadre du procès pénal, *p. 23.*
- La réparation des préjudices, *p. 195.*
- Comment percevoir rapidement une indemnité, *p. 243.*
- L'indemnisation par l'Etat des victimes de dommages corporels, *p. 249.*
- Comment faire payer des dommages-intérêts par un détenu, *p. 261.*
- La prescription, *p. 217.*
- L'aide judiciaire, *p. 275.*

Meurtres

DEUXIÈME PARTIE

Les infractions * les plus graves sont évidemment celles qui provoquent la mort. A la victime elle-même s'ajoutent les autres victimes « par ricochet » : les ascendants, les parents du défunt.

- *LE MEURTRE*

Il y a meurtre dès lors que la mort de la victime est la conséquence d'un acte volontaire, spontané, même si elle était d'accord pour être tuée ou si elle a demandé à l'auteur du crime * de commettre cet acte. La personne qui donne la mort pour mettre un terme à des souffrances, en cas de maladie incurable, commet un meurtre.

Le mobile du meurtre, quel qu'il soit, ne peut le justifier.

- *L'ASSASSINAT*

Il est un meurtre prévu et préparé par son auteur. Il implique la **préméditation,** c'est-à-dire la décision de tuer autrui et la réflexion sur les moyens et les conditions de réalisation du crime.

Après un meurtre ou un assassinat, la justice est chargée d'effectuer un certain nombre d'investigations * afin de déterminer les conditions dans lesquelles il a été commis : **l'instruction** * est ouverte; elle est dirigée par un magistrat appelé **juge d'instruction** *.

Comment se déroule l'instruction ?

Les questions essentielles auxquelles le magistrat tente d'apporter une réponse sont :

1) **qui est la victime ?**

2) **quelles sont les causes de sa mort** (comment a-t-elle été tuée, de quoi est-elle morte ? La réponse à cette deuxième

question impose l'autopsie * du corps de la victime en vue de déterminer les causes de la mort. Le corps est ensuite remis à la disposition de la famille qui peut procéder à son inhumation.

3) **qui est le meurtrier ou l'assassin ?**

4) **pourquoi la victime a-t-elle été tuée ?** (quels sont les « mobiles » du crime ?).

Pour répondre à ces quatre interrogations le juge d'instruction * met en œuvre certaines opérations d'expertise. Elles exigent que dans le lieu où un crime * a été commis, il soit interdit, sous peine d'amende, à toute personne autre que les enquêteurs, experts ou médecins désignés, de modifier, avant les premières opérations d'enquête judiciaire *, l'état des lieux et d'y effectuer des prélèvements quelconques.

Toutefois, une exception est faite à cette interdiction lorsque la sécurité, la salubrité publique ou bien encore les soins à donner aux victimes l'exigent.

Si vous découvrez le corps de la victime, ne le changez pas de place. Ne déplacez aucun objet. Ne nettoyez aucune trace, sous peine de fausser gravement les résultats de l'enquête et d'empêcher la manifestation de la vérité.

Si vous vous trouvez ou si vous arrivez sur les lieux où quelqu'un, qu'il soit ou non un membre de votre famille, a été tué, ***ne touchez à rien*** *et prévenez immédiatement la police.*

Les enquêteurs pourront saisir * un certain nombre d'objets se trouvant sur les lieux du crime. Le juge d'instruction * peut en interdire l'accès à quiconque tant qu'il n'aura pas terminé ses investigations * ou fait procéder à la reconstitution du crime *. Il **appose alors les scellés** * sur tout ou partie de ces lieux.

Si les objets saisis ou placés sous scellés vous appartiennent, si les locaux scellés sont nécessaires à l'habitation de votre famille ou à l'exercice de votre profession, vous pourrez demander au juge d'instruction *.

– **la restitution des objets mobiliers * saisis** * ;

– **la levée des scellés des biens immobiliers *** (on dit également mainlevée).

Si le juge d'instruction accède à votre demande, il rendra une « **ordonnance * de restitution** » ou/et « **une ordonnance de mainlevée de scellés** ».

Si les objets saisis constituent des moyens de preuve du crime * commis, le juge d'instruction pourra refuser de vous les restituer. C'est seulement au cours de l'audience * de la cour d'assises * qu'à votre demande, ils vous seront rendus.

Comment résoudre les problèmes familiaux soulevés par le meurtre d'un de vos proches ?

La disparition d'un parent est toujours un drame absolu. Elle entraîne une désorganisation de la famille. Le parent survivant rencontre des difficultés lorsqu'il s'agit de reprendre le cours de la vie familiale. Si vous êtes dans ce cas, il vous est alors possible :

– **de demander la prise en charge temporaire des enfants** par les services d'aide sociale à l'enfance ;

– **d'obtenir des aides matérielles diverses** fournies par les services sociaux. Les assistantes sociales de votre secteur vous fourniront toutes les indications utiles ;

– **de saisir** * **le juge des enfants** lorsque la disparition d'un des parents les place dans un danger certain : si ce crime *, conséquence d'un drame passionnel, a été commis par le parent survivant ou si ce dernier se désintéresse manifestement de l'éducation de ses enfants, le juge des enfants peut lui en enlever la garde pour les confier à un autre membre de la famille.

N'hésitez pas à demander, selon le cas dans lequel vous vous trouvez, l'aide :
- *des services sociaux ou d'aide sociale à l'enfance*
- *des juges des enfants*
- *des juges des tutelles.*

Le décès de l'un des parents peut également soulever des problèmes de règlement de succession ou de gestion des biens des enfants mineurs. Le parent survivant gère alors les biens de ses enfants mineurs sous le contrôle du **juge des tutelles** *, magistrat appartenant au tribunal d'instance du lieu du domicile de l'enfant.

Cependant, dans les cas suivants, la tutelle * organisée par le juge des tutelles est confiée à un **conseil de famille** * :

– lorsque les deux parents sont tous deux décédés ;

– lorsque le parent survivant est hors d'état de manifester sa volonté ou a été condamné pour abandon de famille et n'a pas recommencé à assumer ses obligations vis-à-vis de ses enfants ;

– ou lorsqu'il a été déchu de ses droits à l'autorité parentale *.

*Pouvez-vous suivre l'instruction * ?*

Les proches de la victime peuvent participer à l'instruction * pour être très exactement informés sur les causes, les mobiles du meurtre ou de l'assassinat. Aussi en trouverez-vous ici les grandes étapes.

Cette procédure va durer un certain temps car nos lois prévoient les opérations nécessaires à une complète information de la cour d'assises* concernant les causes, les mobiles, les conséquences du crime* et la personnalité de son auteur.

I - *DÉROULEMENT DE L'INSTRUCTION**

Sur le plan des faits, le juge d'instruction* doit entendre l'inculpé*, les témoins éventuels du meurtre, procéder à toutes les confrontations* qu'il estime utiles, organiser une reconstitution du crime, faire effectuer diverses expertises.

Sur le plan de la personnalité de l'inculpé*, le juge d'instruction* doit rassembler un certain nombre de renseignements qui lui permettront de retracer l'histoire de sa vie. Il doit également le faire examiner par des médecins et des psychiatres qui donneront leur avis sur sa personnalité, son état mental, sa responsabilité.

Pendant l'instruction* d'un meurtre, l'inculpé est généralement placé et maintenu en **détention provisoire.** Lorsqu'elle est terminée, le juge d'instruction* a trois possibilités :

– prendre une ordonnance* de non lieu*, s'il estime qu'il n'existe pas de charge suffisante contre l'inculpé* ;

– le renvoyer devant le tribunal correctionnel*, s'il apparaît que la mort est le fait d'un acte involontaire ;

– ou le renvoyer devant la cour d'assises*, s'il existe des charges sérieuses contre lui.

II - *LE RÔLE DE LA PARTIE CIVILE* (famille de la victime)*

Constituez-vous partie civile (voir p. 33) dès que vous connaîtrez le nom du juge d'instruction* désigné pour instruire* l'affaire : les services du procureur de la République* du tribunal de grande instance* du lieu du meurtre vous donneront très rapidement cette indication.

Vous serez ainsi, dès le début de cette affaire, en mesure d'être exactement informé par l'avocat* que vous aurez choisi ou qui aura été désigné pour vous assister, de l'état des investigations*, de leur résultat et de vos possibilités d'intervention : notes*, mémoires*, actes d'appel*, etc.

Pour vous constituer partie civile* il vous faut l'assistance d'un avocat*. *Vous pourrez alors :*
– suivre les différentes étapes de la procédure,*
– formuler une demande d'indemnisation devant la cour d'assises*.*
Si vous ne vous êtes pas constitué partie civile au cours de l'instruction, vous devez savoir que vous pouvez le faire jusqu'au jour de l'audience* de la cour d'assises*.*

La demande d'indemnisation* pour les préjudices* dont vous êtes personnellement victime du fait du meurtre d'un membre de votre famille et celle concernant les dommages-intérêts* sont examinées par la cour d'assises* après que celle-ci a prononcé une condamnation pénale à l'encontre de l'accusé.

Chapitres à consulter :

- Comment obtenir réparation dans le cadre du procès pénal, *p. 23.*
- La réparation des préjudices, *p. 195.*
- La prescription, *p. 217.*
- L'indemnisation par l'Etat des victimes de dommages corporels, *p. 249.*
- Comment faire payer des dommages-intérêts par un détenu, *p. 261.*
- L'aide judiciaire, *p. 275.*
- Comment percevoir rapidement une indemnité, *p. 243.*

Le viol
et les attentats
à la pudeur

DEUXIÈME PARTIE

Depuis la loi du 23 décembre 1980, le viol est défini de la manière suivante :

« Tout acte de pénétration sexuelle, de quelque nature qu'il soit, commis sur la personne d'autrui par violence, contrainte ou surprise. »

Désormais, que vous soyez une femme ou un homme, vous pouvez porter plainte pour viol.

La loi française considère désormais qu'il y a viol, que la victime et son agresseur appartiennent au même sexe ou qu'ils soient de sexe différent.

Le viol implique donc une pénétration sexuelle **quelle qu'elle soit :**

- infligée par **contrainte,** c'est-à-dire non consentie par celui ou celle qui l'a subie, au moyen :
  de violences physiques (coups, actes d'immobilisation) ; mais également de **pression morale** (menaces diverses avec ou sans arme...).
- ou même par **surprise** : c'est-à-dire effectuée dans les conditions où la victime était dans l'incapacité de donner son consentement.

Les violences sexuelles qui n'ont pas donné lieu à une pénétration constituent des « **attentats à la pudeur avec violence** ».

Le viol, mais également l'attentat à la pudeur précédé ou accompagné d'actes de torture ou de barbarie, sont des **crimes** * et comme tels jugés par la cour d'assises *.

Tous les autres attentats à la pudeur, considérés comme **délits** *, relèvent du tribunal correctionnel *.

Si vous avez été victime d'un viol ou d'un attentat à la pudeur, voici ce que vous devez faire :

Dès que vous serez physiquement en mesure de le faire, allez au commissariat de police ou au poste de gendarmerie le plus proche pour informer, le plus exactement possible, les policiers ou les gendarmes, sur les conditions dans lesquelles s'est déroulée votre agression et **déposez plainte** contre votre ou vos agresseurs.

Sachez que les déclarations de la victime sont aussi souvent que possible recueillies par une personne du même sexe.

*Portez plainte auprès de la police ou de la gendarmerie le **plus vite possible.***

Si vous ne pouvez pas vous rendre auprès des services de police ou de gendarmerie, faites immédiatement appel à eux ou demandez qu'on le fasse pour vous afin qu'ils se déplacent le plus vite possible pour enregistrer vos déclarations et prennent les mesures nécessaires à la découverte de votre ou de vos agresseurs.

Il vous faut savoir que l'un des moyens de défense employés par les auteurs d'un viol consiste à faire valoir la durée écoulée entre le moment de l'agression et celui, quelquefois éloigné, des premières déclarations de la victime aux officiers de police (« il, elle, n'a porté plainte que X jours après le viol dont elle, il, prétend avoir été victime »).

Quel que soit par ailleurs le désir naturel de purification que vous puissiez légitimement éprouver après votre agression, *ne procédez à aucune ablution* (bain ou douche...).

Demandez, dès que cela vous sera possible, aux policiers ou

aux gendarmes de vous accompagner chez un médecin qui vous dispensera les soins que justifie votre état physique et moral. Celui-ci procédera aux constatations rendues nécessaires par l'agression dont vous venez d'être victime.

Il ne devra pas manquer de détailler ses constatations dans un certificat qu'il vous remettra et que vous transmettrez aux officiers de police ou de gendarmerie qui auront recueilli vos premières déclarations.

Faites-vous examiner le plus rapidement possible par un médecin et demandez-lui de vous remettre un certificat.

Dans votre intérêt et pour les nécessités de l'enquête :

– *Faites effectuer des tests* par un médecin de votre choix, dans les jours qui suivront immédiatement votre agression (car si l'un de ces contrôles s'avère positif, il faudra prendre immédiatement, avec l'assistance de ce médecin, les mesures médicales qui s'imposent), puis prévenez les services de police ou de gendarmerie qui vous ont précédemment entendu(e) de cette aggravation de votre état en leur adressant un certificat médical la constatant.

Puis faites effectuer :
– un test de dépistage de maladie vénérienne ;
– un test de grossesse.
En cas de résultat positif, prévenez la police ou la gendarmerie.

Le viol peut provoquer, chez la victime de cette agression, des troubles psychologiques ou psychiques.

En dépit des efforts constants que policiers, magistrats et auxiliaires de justice * déploient pour en atténuer le caractère pénible, l'enquête concernant l'agression, dans la mesure où elle nécessite le concours de la victime, constitue pour celle-ci une nouvelle épreuve physique et morale.

En effet, ces mesures, destinées à la recherche de la vérité, sont l'occasion d'auditions ou de confrontations* susceptibles de raviver des souvenirs douloureux ou de provoquer de nouvelles meurtrissures (dénégation ou déclaration mensongère de l'agresseur).

Le viol, l'attentat à la pudeur avec violences sont des infractions* que notre société considère, non sans raison, comme des agressions de caractère odieux.

N'abordez jamais seul(e) ces épreuves.
Faites-vous aider par :
– votre famille,
– votre médecin,
*– votre avocat**,
– des associations spécialisées.

Vous êtes **une victime.** Comme telle, vous devez nécessairement bénéficier du concours et du soutien de tous ceux, dont l'action, à quelque titre que ce soit, permettra de découvrir la vérité et avant tout de recouvrer votre équilibre physique et moral :

– et tout d'abord, de vos *proches* auxquels vous ne devez pas hésiter à vous confier. Car soyez assuré(e) que l'affection qu'ils vous portent fera fi de tous les préjugés ;

– mais également de votre *médecin* qui vous dispensera avec patience et compréhension les soins et traitements que justifie votre état physique et psychique ;

– de votre *avocat** qui vous guidera à travers les méandres de la procédure judiciaire, vous assistera, vous prodiguera ses conseils et effectuera, à vos côtés, les démarches nécessaires à la manifestation de la vérité et à la détermination de votre préjudice* ;

– *d'associations spécialisées* dont les membres vous feront bénéficier, avec désintéressement et dévouement, de l'assistance et du soutien indispensable au recouvrement de votre équilibre.

Vous pouvez demander à une association de se substituer à vous pour poursuivre votre agresseur devant la justice.

Si pour des raisons qui n'appartiennent qu'à vous, vous répugnez à vous constituer * personnellement partie civile *, vous empêchant ainsi de demander réparation * de votre préjudice * à votre ou vos agresseurs, vous pourrez autoriser à le faire à votre place toute association (déclarée depuis au moins 5 ans) dont l'objet est de lutter contre les violences sexuelles.

Que se passera-t-il le jour du procès ?

Vous devez savoir, à cet égard, que la loi permet, si vous le souhaitez, que le rappel des circonstances de votre agression ne soit pas fait en public.

Dès l'instant où vous le demandez, la cour d'assises * ou le tribunal prononce obligatoirement le huis clos *. Votre ou vos agresseurs peuvent le demander, mais si vous souhaitez au contraire que le procès se déroule en présence du public, vous-même ou votre avocat * pouvez vous opposer à cette demande.

*Au moment du procès, vous pouvez demander **le huis clos** *.*

Il apparaît à l'heure actuelle exceptionnel qu'une cour d'assises * ou un tribunal refuse dans ce cas de donner satisfaction à la victime. En revanche, le huis clos * est laissé à l'appréciation des juges du tribunal correctionnel * pour les attentats à la pudeur.

Comment sera calculé votre préjudice ?*

Le préjudice moral*. Il sera déterminé par votre avocat * en fonction des indications fournies par les divers praticiens qui auront été chargés de déterminer l'importance du traumatisme psychologique ou psychique causé par ce viol, mais également de vos propres déclarations concernant les troubles affectifs, psychologiques et psychiques survenus dans votre vie courante à la suite de cette agression.

Vous serez indemnisé(e) pour votre préjudice moral, physique et matériel.

Le préjudice physique* : lisez le chapitre « La réparation des préjudices » (voir p. 195) et notamment, en cas de viol le paragraphe « préjudice corporel ».

Le préjudice matériel* : le montant de ce préjudice est constitué par :

- les frais de déplacement nécessités par l'enquête et l'instruction * (gardez tous les justificatifs *) ;
- les frais entraînés par la détérioration lors de l'agression de vêtements, accessoires ou objets divers ;
- les éventuels frais de justice.

Chapitres à consulter :

- Comment obtenir réparation dans le cadre du procès pénal, *p. 23*.
- La réparation des préjudices, *p. 195*.
- Vous êtes victime d'une infraction pénale, *p. 15*.
- La prescription, *p. 217*.
- L'aide judiciaire, *p. 275*.

Atteintes aux biens

DEUXIÈME PARTIE

Une personne détruit ou détériore *volontairement* un objet vous appartenant (votre voiture, bateau, chaîne HI-FI, récepteur de télévision, meubles, etc.) ou encore tout ou partie de votre appartement ou de votre pavillon...

...*Ce que vous devez faire :*

1) Si vous avez pu identifier le malfaiteur, déposez immédiatement plainte auprès du commissariat de police, de la gendarmerie ou du procureur de la République * du tribunal de grande instance du lieu où ont été commis les faits.

2) Si des témoins ont assisté à cette dégradation * ou à cette destruction, n'oubliez pas de mentionner dans votre plainte leurs noms et adresses afin qu'ils puissent être entendus par les enquêteurs.

3) Si vous n'avez pu identifier avec précision le malfaiteur, la procédure est identique mais il faudra alors préciser aux gendarmes, policiers ou au procureur de la République que vous **déposez plainte contre inconnu.**

Déposez plainte immédiatement.

Afin de faciliter la tâche des enquêteurs, décrivez avec le plus de précisions possibles l'apparence physique de ce malfaiteur (habillement, taille, coiffure, couleur des yeux, etc.). Comme dans le cas précédent, n'oubliez pas de mentionner les témoins.

Dans tous les cas, évitez, dans la mesure du possible, de remettre les lieux en état avant l'arrivée des enquêteurs. Ces derniers pourront en effet trouver sur place des indices * leur permettant l'identification ultérieure du malfaiteur.

Ne remettez pas les lieux en état avant l'arrivée des enquêteurs.

Si le procureur de la République * classe * l'affaire sans suite, c'est-à-dire décide de ne pas donner suite à votre plainte et que cette décision ne vous satisfait pas, vous pourrez alors déposer une **plainte avec constitution de partie civile** * (voir chapitre « Comment obtenir réparation dans le cadre du procès pénal », p. 23).

*Comment calculer votre préjudice * ?*

Le préjudice matériel :

Il équivaut au montant de la valeur du bien détruit ou détérioré ou au montant de la réparation effectuée pour le remettre en état (conservez vos factures, rapports d'expertises, etc.). N'hésitez pas à prendre des photographies des objets détruits ou détériorés.

Le préjudice moral :

Le bien était de peu de valeur mais présentait pour vous une valeur affective (collection, destruction de photographies de parents qui ne pourront être reproduites, souvenirs de famille, etc.). Cette valeur peut être chiffrée.

*Vous pouvez être indemnisé pour le préjudice * matériel et moral, et vous faire rembourser les frais engagés pour le procès.*

Enfin, la loi permet de demander à l'auteur de la destruction ou de la dégradation, au titre de **dommages-intérêts** * **supplémentaires**, tout ou partie des frais que vous avez pu engager pour vous faire assister d'un défenseur à l'occasion du procès.

Selon la gravité des actes de vandalisme, les magistrats détermineront le tribunal compétent.

Souvent des actes de vandalisme accompagnent un cambriolage, c'est-à-dire un vol au sujet duquel nous vous conseillons de vous reporter au chapitre « Vol, escroquerie, abus de confiance », p. 123.

Chapitres à consulter :

- **Comment obtenir réparation dans le cadre du procès pénal?**, *p. 23.*
- Vous êtes victime d'une infraction pénale, *p. 15.*
- La preuve, *p. 183.*
- Les assurances, *p. 203.*
- L'aide judiciaire, *p. 275.*
- L'arrangement amiable, *p. 267.*

Vol,
escroquerie,
abus de confiance

DEUXIÈME PARTIE

Il y a trois façons de s'approprier votre bien. La loi les définit ainsi :

- LE VOL

Le voleur s'approprie votre bien malgré votre volonté.

- L'ESCROQUERIE

L'escroc surprend votre volonté en agissant par ruse et **se fait remettre par vous-même votre bien.**

- L'ABUS DE CONFIANCE

L'auteur de cette infraction * **s'approprie un bien que vous lui aviez volontairement remis,** mais dont vous n'aviez pas l'intention de lui abandonner la propriété.

Le vol

Le voleur cherche à s'emparer de votre bien alors que celui-ci est en votre possession.

La loi considère que cette appropriation est un vol si trois conditions principales sont réunies :

I – *Le bien doit vous avoir été soustrait*

Pour qu'il y ait vol, il faut que le voleur lui-même se soit emparé de votre bien, par exemple :

— Paul (le voleur) se saisit dans la rue d'un sac tenu par Jean (le volé) : il y a vol dans la mesure où Jean n'avait aucune intention de remettre son sac à Paul.

Pour que la loi reconnaisse qu'il y a vol, le bien doit avoir été soustrait contre votre volonté.

II – *Le bien soustrait doit appartenir à quelqu'un*

Il ne peut y avoir de vol sans volé. En effet, la loi exige que le bien soustrait appartienne à quelqu'un, par exemple :

— Paul s'empare d'un objet manifestement **abandonné** sur une décharge publique, il n'y a pas vol,

— mais, il y aura vol si la chose n'était pas abandonnée mais **perdue** par son propriétaire, par exemple un porte-feuille tombé dans la rue.

Vous ne pouvez prétendre avoir été volé si vous avez volontairement abandonné votre bien, mais en revanche vous serez considéré comme victime d'un vol si vous l'avez perdu.

III – *Le voleur doit avoir eu l'intention de voler*

Pour qu'il y ait vol, il faut aussi que celui qui s'empare d'une chose ait eu conscience qu'il prenait le bien d'autrui, par exemple : prendre un imperméable dans un lieu public, croyant en toute bonne foi qu'il vous appartient n'est pas un vol.

L'intention frauduleuse ne constitue pas un vol ; en effet, il n'y a vol qu'à la condition supplémentaire que l'auteur de la soustraction ait eu vraiment l'intention de se comporter en propriétaire du bien soustrait, par exemple :

— Paul s'empare de la voiture de Pierre pour effectuer un déplacement puis abandonne le véhicule : il y aura vol dans la mesure où Paul s'est comporté en propriétaire pendant le temps de « l'emprunt » ;

— en revanche, il n'y aura pas vol si Paul s'empare provisoirement de la voiture de Pierre et déplace le véhicule de quelques mètres pour le mettre à l'abri ou dégager un accès encombré par la voiture de Pierre.

Attention ! Dans le cas de vols commis au sein d'une même famille (époux, enfants, parents) aucune poursuite pénale ne peut être exercée.

Les victimes de ces soustractions peuvent cependant demander la restitution et la réparation devant les tribunaux civils.

LES VOLS QUALIFIÉS

Certains vols sont qualifiés « crimes » * quand les circonstances de l'infraction * sont particulièrement graves ; aux conditions précédentes s'ajoutent certaines conditions spéciales prévues par le code pénal *.

En général, le vol simple devient un vol qualifié lorsqu'il est accompagné de **violences** (soit violences sur des biens : c'est le cas du cambriolage où le voleur force des serrures ; soit violences sur des personnes : menaces, coups ou sévices) ou est accompli avec des **moyens ou en des circonstances particulières** (par exemple : vol commis avec des armes ou en compagnie de plusieurs personnes ou encore la nuit).

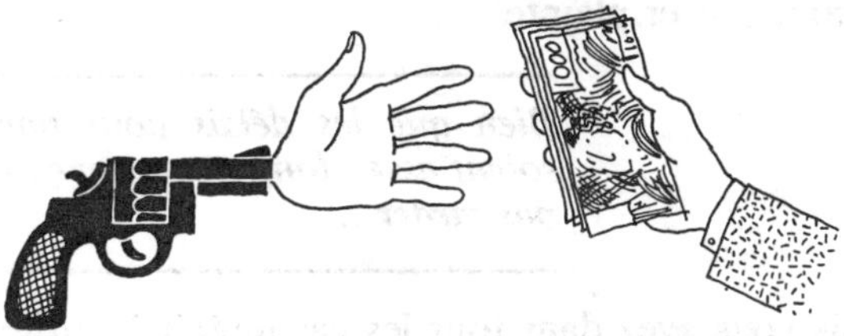

*Comment calculer votre préjudice * ?*

Vous pouvez réclamer au voleur la restitution du bien volé ou à défaut sa valeur de remplacement et, en général la réparation de tout autre préjudice * dont vous pouvez établir l'existence, par exemple : certains des frais que vous avez dû engager pour intenter le procès.

*Il faut toujours établir la preuve de votre préjudice * et penser à justifier vos demandes de restitution ou de réparation.* *(Voir chapitre « La réparation des préjudices », p. 195.)*

De quels délais disposez-vous pour agir ?

En général, vous avez 3 ans pour déposer plainte à compter du jour où vous constatez le vol.

Si le vol est « qualifié » vous disposez, en principe, de 10 ans pour porter plainte.

Bien que les délais pour porter plainte soient assez longs, vous avez intérêt à ne pas tarder...

Mais vous avez dans tous les cas intérêt à porter plainte le plus tôt possible, notamment pour faciliter le travail des enquêteurs, et bien sûr, pour essayer d'obtenir réparation dans les meilleurs délais.

L'escroquerie

Le but de l'escroc, tout comme celui du voleur, est de s'approprier votre bien (objet ou argent).

La différence essentielle entre ces actions tient à ce que, contrairement au voleur qui s'empare lui-même de votre bien, l'escroc (par la ruse) se le fait remettre par vous-même.

L'escroquerie est étroitement définie par le code pénal* : pour qu'il y ait escroquerie, il faut que l'escroc ait eu l'intention coupable de se faire remettre quelque chose et que, pour arriver à ses fins, il ait usé du mensonge concernant son nom ou sa fonction ou de manœuvres frauduleuses, autrement dit :

Escroquerie = mensonge (faux nom ou fausse qualité ou manœuvre frauduleuse) + intention coupable + remise d'une chose.

LE MENSONGE

Il se caractérise par l'usage d'un faux nom, d'une fausse qualité ou de manœuvres frauduleuses.

Il faut tout d'abord souligner, à ce sujet, que le mensonge, même s'il a eu pour résultat de déposséder une victime, n'est pas en lui-même punissable comme escroquerie.

Seul le mensonge ayant porté sur le nom ou sur la qualité, caractérise l'escroquerie.

Pour éviter d'être victime d'une escroquerie, vérifiez l'identité, la fonction, les titres de quiconque vous demandera de lui remettre de l'argent ou des biens.

Le faux nom :

User d'un faux nom, c'est prendre un nom autre que le sien : ce peut être un nom imaginaire ou celui d'une personne réelle. Pour que l'usage du faux nom constitue l'escroquerie, il faut que la chose convoitée par l'escroc lui ait été remise par la victime en raison de la confiance que lui a inspirée ce faux nom, par exemple :

L'escroc se servant d'une fausse pièce d'identité déclare à l'employé des P.T.T. un faux nom pour toucher un mandat.

La fausse qualité :

L'usage d'une fausse qualité par l'escroc, c'est un mensonge portant sur l'état civil (nationalité, naissance, filiation *...) ou sur l'occupation exercée (fonction, profession...) ou encore sur les titres (universitaires notamment), par exemple :

– se présenter comme un homme marié auprès d'une banque pour obtenir un prêt d'aide aux jeunes ménages (mensonge sur l'état civil),

– se faire passer pour un membre d'une association d'utilité publique ou d'une organisation charitable pour collecter des fonds,

– etc.

Les manœuvres frauduleuses :

C'est la forme la plus courante d'escroquerie, celle que les tribunaux ont le plus souvent à juger.

Si le menteur (ou ses complices) accompagne les mensonges d'actes matériels, qui ont pour conséquence de vous persuader que ce qu'il dit, ce qu'il prétend être ou pouvoir faire correspond à la réalité, il sera poursuivi comme escroc. Ce sont des manœuvres frauduleuses dont voici quelques exemples :

– un escroc prétend être le président-directeur général d'une société (mensonge) il vous adressera, pour vous faire croire à la réalité de ses propos, divers courriers sur du papier à lettres à l'en-tête d'une société fantôme (manœuvre frauduleuse).

– un escroc se fait passer pour un membre d'une entreprise ou d'une organisation à but charitable (mensonge) et vous présentera à la vente des savonnettes ou autres articles portant par exemple la mention « S.V.P. AVEUGLES » pour vous faire croire à l'existence d'une société vendant ces articles (manœuvres frauduleuses).

D'autres manœuvres frauduleuses peuvent avoir pour objet de vous persuader que l'escroc dispose d'un pouvoir ou d'un crédit imaginaire.

La variété des manœuvres frauduleuses est grande, l'ingéniosité des escrocs et l'intervention de tiers* complices sont fréquentes, par exemple :

– pour revendre une automobile d'occasion, un garagiste fait connaître à l'acheteur un comparse qu'il présente comme l'ancien propriétaire de cette voiture (mensonge). Ce comparse, jouant le jeu, ne détrompera pas le client, le renseignera sur la consommation d'huile et d'essence, vantera les qualités de robustesse ou de vitesse de la voiture, etc. (manœuvre frauduleuse), en résumé :

Manœuvre frauduleuse = mensonge simple + acte matériel

Soyez vigilant : *il ne suffit pas qu'on vous ait menti pour qu'il y ait escroquerie, il faut que le mensonge s'accompagne d'actes matériels lui donnant un « air de vérité ».*

En revanche, ne seront pas réprimés au titre de l'escroquerie des actes malhonnêtes tels que :

– se faire prêter de l'argent en promettant de le restituer alors que l'on est bien décidé à ne jamais s'acquitter de sa dette,

– obtenir une somme d'argent d'une femme ou d'un homme à qui l'on a promis, sans jamais en avoir eu l'intention, de l'épouser, etc.

Ces exemples concernent, en effet, des mensonges simples que n'accompagne aucune machination matérielle, aucune mise en scène. Ils ne suffisent donc pas pour être punissables au titre de l'escroquerie comme le sont les mensonges portant sur le nom et sur la qualité.

L'INTENTION COUPABLE

Pour qu'il y ait escroquerie, il faut que l'auteur des faits agisse de mauvaise foi, c'est-à-dire qu'il ait cherché consciemment à vous tromper.

REMISE D'UNE CHOSE

Il faut enfin que les agissements de l'escroc vous conduisent à lui remettre un bien matériel.

Il se peut que celui-ci tente de se faire remettre par vous un tel élément (argent, chèque, attestation *, meuble, quittances *, promesse de vente *, reconnaissance de dettes *...) sans que cette tentative ait forcément abouti à la remise ; on parle alors de **tentative d'escroquerie.**

Que faire lorsque vous avez été victime d'une escroquerie et dans quels délais ?

Vous pouvez déposer votre plainte dans un délai de trois années à compter du jour où vous avez remis une chose à l'escroc.

---

*Déposez une plainte auprès du procureur de la République *.*

Si les manœuvres de l'escroc ont provoqué la remise de fonds en plusieurs fois, ou la remise de plusieurs choses, vous disposerez d'un délai de trois ans à compter de la remise des derniers fonds ou de la dernière chose.

Attention ! une plainte simple adressée au procureur de la République * n'interrompra ce délai que si le procureur de la République * décide de poursuivre l'escroc en le faisant citer * devant le tribunal correctionnel * ou en demandant l'ouverture d'une instruction * ou d'une enquête.

---

*Renseignez-vous auprès des services du procureur de la République * pour connaître les références données à votre plainte et la décision de ce magistrat.*

En revanche, si le procureur de la République * décide de classer * l'affaire sans suite, vous devrez, si vous désirez poursuivre celui que vous considérez comme un escroc, déposer, dans le même délai de trois années, une plainte avec constitution de partie civile * (voir chapitre « Comment obtenir réparation dans le cadre du procès pénal », p. 23).

L'indemnisation du préjudice

---

*Pour obtenir des dommages-intérêts * pour le préjudice * que vous avez subi, n'omettez pas de conserver tous les justificatifs * de vos divers frais.*

Vous pouvez demander, à titre de dommages-intérêts *, l'indemnisation * du préjudice * que vous avez subi ; celui-ci peut être constitué par :

– le montant du ou des biens escroqués ou leur valeur de remplacement,

– le montant d'intérêts de retard, en cas notamment de remise de sommes d'argent,

– le montant des divers frais engagés en raison des conséquences de cette escroquerie,

– le montant du préjudice * moral causé par cette escroquerie,

– le montant des frais que vous avez dû engager pour soutenir votre procès.

L'abus de confiance

L'abus de confiance est l'infraction * par laquelle une personne s'approprie un bien vous appartenant après que vous le lui avez *remis vous-même.*

Cette personne vous trompe non comme l'escroc au moment de la remise du bien, mais une fois l'objet volontairement remis par vous dans le cadre d'un contrat *.

Comment reconnaître un abus de confiance ?

Pour qu'il y ait abus de confiance la loi exige la réunion de quatre conditions :

I — *EXISTENCE D'UN CONTRAT* * :

Un contrat doit avoir été passé entre vous-même et celui qui va ultérieurement abuser de votre confiance.

La loi détermine strictement les six contrats * à l'occasion desquels un abus de confiance peut être commis.

***Attention**, la signature de certains contrats * peut vous conduire à devenir la victime d'un abus de confiance, encore faut-il qu'au terme de l'un de ces contrats * un bien soit remis. Lisez attentivement la liste ci-dessous…*

Vous ne pouvez agir contre un tiers * pour abus de confiance que si vous avez passé avec ce dernier :

– **un contrat * de louage :** vous remettez en location un bien à une personne à charge pour elle de vous payer le prix de la location et de vous restituer ce bien à la fin du contrat.

– **un contrat * de dépôt :** vous déposez entre les mains d'un tiers * un bien pour qu'il vous le garde pendant un certain temps et vous le restitue ultérieurement.

– **un contrat * de mandat :** vous remettez à une personne un bien afin qu'elle en fasse en votre nom et pour votre compte l'usage que vous lui aurez indiqué ; par exemple : vous lui confiez certaines marchandises à charge pour elle de les vendre pour votre compte, ou une certaine somme d'argent afin de régler, en votre nom, une dette que vous avez contractée.

– **un contrat * de gage :** vous remettez à titre provisoire à une personne un bien en garantie, par exemple, jusqu'au complet remboursement d'une somme d'argent que vous lui devez.

– **un prêt à usage :** vous remettez à une personne un bien pour qu'elle s'en serve et vous le restitue après usage.

– **travail salarié ou non salarié :** vous remettez à quelqu'un un bien pour les besoins d'un travail salarié ou non, par exemple : remise de matière première à un travailleur à domicile qu'il doit, après transformation, vous restituer sous la forme d'un objet fini.

II — *EXISTENCE D'UN BIEN :*

L'existence de l'un de ces contrats * ne suffit pas à caractériser l'abus de confiance, il faut encore que :

a) dans le cadre de l'un de ces contrats *, vous ayez remis à une personne un certain bien.

Mais quel bien ? Cette fois encore, la loi énumère très

limitativement les biens qui, confiés dans le cadre de l'un des six contrats, pourront donner lieu à un abus de confiance. Ces biens sont :

- **des sommes d'argent**
- **des marchandises**
- **des effets de commerce** ·

Vérifiez que le bien que vous avez remis figure dans la liste ci-dessus.

En d'autres termes, peuvent faire l'objet d'un abus de confiance :

• **Tous les biens mobiliers corporels** (meubles, sommes d'argent, etc.) par opposition aux biens mobiliers incorporels (clientèle par exemple).

• **Des écrits** (la loi parle de « billets, quittances * ou tous autres écrits »), à condition que ces écrits contiennent une obligation ou une décharge *, par exemple :

– *obligation de payer* une certaine somme : reconnaissance de dette *, traite *, billet à ordre *, etc. ou obligation de faire quelque chose : promesse de vente *, etc.

– *une décharge* * : quitus * de dette, reçu de paiement, bon de livraison, etc.

Le détournement d'une simple lettre (écrit ne contenant aucune obligation ou décharge *) ne pourra, par voie de conséquence, être considéré comme un abus de confiance.

Les limites fixées par la loi (concernant les contrats * et la chose remise) restreignent donc de façon importante vos possibilités d'action.

---

*Vous ne pouvez agir que si vous êtes le propriétaire *, possesseur * ou détenteur * d'un bien remis volontairement au terme du contrat * mais à titre non définitif.*

Supposons toutefois que les conditions énumérées ci-dessus soient d'ores et déjà réunies (remise d'un bien prévu par la loi dans le cadre d'un des contrats * prévus par cette même loi), il faut encore que :

b) vous soyez le propriétaire*, le possesseur* ou le détenteur* du bien remis.

c) vous l'ayez confié volontairement à une personne dans le cadre de l'un de ces contrats*. Si en effet, vous n'avez pas remis librement ce bien, il ne s'agira pas d'un abus de confiance mais éventuellement d'un vol ou d'une escroquerie.

d) vous l'ayez remis à titre précaire : c'est-à-dire pour un certain temps et à condition qu'on vous le restitue ou que la personne l'utilise ainsi que vous en étiez convenus par avance avec elle ; en d'autres termes, il ne faut pas que vous ayez remis cette chose à une personne pour qu'elle en devienne propriétaire.

Ainsi, il n'y aura pas abus de confiance si vous avez donné à une personne, à titre de salaire, une somme d'argent pour effectuer un travail et que celle-ci dépense cet argent sans exécuter le travail en question.

III — *LE BIEN DOIT AVOIR ÉTÉ DÉTOURNÉ*, DISSIPÉ* OU AVOIR FAIT L'OBJET D'UN USAGE ABUSIF* :*

Pour que l'abus de confiance soit caractérisé, il faut que la personne à qui vous avez remis le bien le détourne *, le dissipe * ou en fasse un usage abusif * :

Vous pourrez aussi porter plainte pour abus de confiance si le bien que vous avez remis a été détourné, dissipé* ou a fait l'objet d'un usage abusif.*

Le bien est détourné *

C'est-à-dire qu'il en est fait un usage ou un emploi différent de celui convenu lorsque vous l'avez remis, par exemple :

– vous remettez à une personne un billet de loterie pour vérifier si vous êtes gagnant et celle-ci encaisse pour son compte le montant du lot,

– vous remettez entre les mains d'une personne des meubles pour garantir le montant d'une dette contractée envers elle. Votre dette, une fois remboursée, elle conserve les meubles déposés en garantie.

Dans le cas de détournement le bien ne disparaît pas.

Le bien est dissipé *

Cette fois, le bien lui étant remis, la personne le fait disparaître et rend toute restitution à votre profit impossible, par exemple : qu'il ait été abandonné ou délaissé ou bien encore donné, vendu ou mis en gage.

Si la remise du bien dans le cadre de l'un des six contrats * prévus par la loi consiste en une somme d'argent, dès l'instant où une somme identique n'est pas restituée, quelle qu'en soit par ailleurs la raison, il y a abus de confiance à votre égard.

Le bien est l'objet d'un usage abusif *

Quand il est restitué, en dépit d'une mise en demeure * de votre part, avec retard, par exemple :

– dans le cadre de l'un des contrats * prévus par la loi, vous avez remis un meuble à une personne ; cette dernière a utilisé ce meuble conformément à votre accord et ne vous le restitue pas en fin de contrat *.

N'hésitez pas à lui faire délivrer *, par un huissier de votre choix, une « mise en demeure * interpellative » de restituer ce meuble et si elle ne peut s'exécuter, demandez-lui ce qu'il est devenu ou les raisons pour lesquelles elle le conserve.

---

*Si dans le cadre de l'un des six contrats * prévus par la loi il a été fait un usage abusif * d'un bien et qu'il ne vous est pas rendu, vous pouvez faire une mise en demeure * par huissier *.*

Si le bien n'est pas restitué ou si l'intéressé refuse de répondre, soyez certain que les juges ne manqueront pas de tirer toutes les conséquences de cette carence * ou de ce silence et considéreront qu'il y a abus de votre confiance.

IV – *LE BIEN DOIT AVOIR ÉTÉ VOLONTAIREMENT DÉTOURNÉ *, DISSIPÉ * OU ABUSIVEMENT UTILISÉ :*

Il faut enfin que le détournement ou la dissipation du bien remis ait été sciemment et volontairement effectué par la personne à qui vous l'aviez remis ; en d'autres termes, il faut que cette personne ait su :

– qu'elle avait reçu la chose à titre précaire *,

– qu'elle devait la restituer ou en faire l'usage prévu,

– qu'elle agissait de telle sorte que ce bien ne puisse vous être restitué ou bien encore qu'elle l'ait affecté à une destination autre que celle dont vous étiez convenus.

Avant de déposer plainte, assurez-vous que l'auteur présumé de l'abus de confiance ait su que la chose reçue à titre précaire * *devait être rendue après usage.*

Vous devez, à cet égard, savoir que les tribunaux se montrent particulièrement sévères et qu'ils estiment, notamment, que le simple fait de dépenser des sommes remises à titre de dépôt, sans prévoir la possibilité de les restituer par la suite constitue un abus de confiance.

Que faire lorsque vous avez été victime d'un abus de confiance et dans quels délais ?

En raison même de la confiance que vous aviez accordée à la personne à qui vous avez remis un bien dans le cadre des contrats * déterminés par la loi, votre vigilance sera moins vive que d'habitude et vous ne pourrez prendre conscience de l'abus de confiance qu'au bout d'un certain temps.

Déposez plainte pour abus de confiance dans un délai de trois années, à dater du jour où vous aurez pu disposer de tous les éléments nécessaires à la découverte et à la constatation du détournement * ou de la dissipation * du bien remis et non pas à compter du jour du détournement ou de celui de la remise du bien (comme dans le cas de l'escroquerie).

Par exemple, si vous avez fait délivrer * une sommation * interpellative de restituer, comme nous vous l'avons indiqué ci-dessus, le délai de trois années courra à compter de la date à laquelle cette sommation * aura été effectuée.

Comment sera calculé votre préjudice ?

Il sera tenu compte :
- *si le bien remis a disparu :*
  du montant du prix de ce bien ou de sa valeur de remplacement,
- *si le bien n'a pas disparu :*
  du montant des sommes correspondant aux conséquences matérielles occasionnées par sa non-restitution. En outre, s'il n'a pas disparu, n'oubliez pas de réclamer au juge d'instruction ou au tribunal sa restitution.

Dans l'un ou l'autre cas, à l'indemnisation * de ces préjudices * pourra s'ajouter une somme destinée à réparer :

– **le préjudice moral** * éventuellement causé par cet abus de confiance et qui sera évalué par le tribunal,

– le montant d'éventuelles **conséquences matérielles directes** provoquées à votre détriment par l'abus de confiance (souscription d'un prêt, remplacement à un prix élevé d'une chose équivalente, etc.),

– **le montant des frais et dépenses** engagés pour obtenir la restitution du bien et soutenir votre procès.

Enfin, vous devez savoir que la loi a prévu que **l'abus de confiance n'existe pas :**

– **entre époux** (pendant le mariage et jusqu'au jour où le divorce est devenu définitif),

– **entre parents et enfants,**

– **entre alliés de même degré** (exemple : beau-frère, belle-sœur)

Le délit d'abus de confiance existe toutefois entre frère et sœur.

Enfin, sachez que seule la **tentative d'abus de confiance** n'est pas punissable par la loi.

Chapitres à consulter :

- Comment obtenir réparation dans le cadre du procès pénal, *p. 23.*
- La preuve, *p. 183.*
- La prescription, *p. 217.*
- Comment percevoir rapidement une indemnité, *p. 243.*
- L'indemnisation par l'Etat des victimes de dommages corporels, *p. 249.*
- Comment faire payer des dommages-intérêts par un détenu, *p. 261.*
- L'aide judiciaire, *p. 275.*
- L'arrangement amiable, *p. 267.*

Chèque
sans provision

DEUXIÈME PARTIE

Si le chèque que vous avez reçu en paiement est sans provision, deux cas peuvent se présenter :

I – Le montant du chèque qui vous a été remis est inférieur à 100 F.

Depuis la loi du 3 janvier 1975, les banques sont tenues de payer, même si le compte de la personne qui vous a remis le chèque ne dispose pas d'une provision suffisante, tout chèque d'un montant égal ou inférieur à 100 F, sauf s'il s'agit d'un chèque volé (imitation d'écriture ou de signature).

La banque doit obligatoirement vous payer tout chèque inférieur à 100 F.

Ce paiement obligatoire est imposé aux banques pendant une durée d'un mois après la date d'émission du chèque. Par conséquent, pour bénéficier de cette garantie, il vous faut présenter vos chèques au banquier le plus rapidement possible, et en tout cas dans ce délai d'un mois.

II – Le montant du chèque est supérieur à 100 F.

Dans ce cas, il existe deux circuits qui se succèdent dans le temps :
– tout d'abord un circuit bancaire,
– puis un circuit judiciaire lorsque vous n'avez pu vous mettre d'accord avec votre débiteur * sur le paiement amiable * du chèque sans provision.

Que faire si votre banque vous retourne un chèque avec la mention « impayé » ?

I - *LE CIRCUIT BANCAIRE :*

Lorsque vous recevez de la banque votre chèque « impayé », cela signifie que le compte de votre débiteur * n'a pas de provision suffisante et que celui-ci n'a pas régularisé sa situation dans le délai qui lui a été accordé. Au terme de ce délai, la banque, comme la loi l'y oblige, fait une déclaration de non-paiement au fichier de la Banque de France.

C'est seulement lorsque votre banque vous enverra votre chèque « impayé » que vous pourrez engager un procès.

II - *LE CIRCUIT JUDICIAIRE :*

Vous disposez de deux possibilités pour engager votre procès :

1) Le procès civil * qui se déroule devant la juridiction civile * ordinaire est une procédure * simple mais que votre

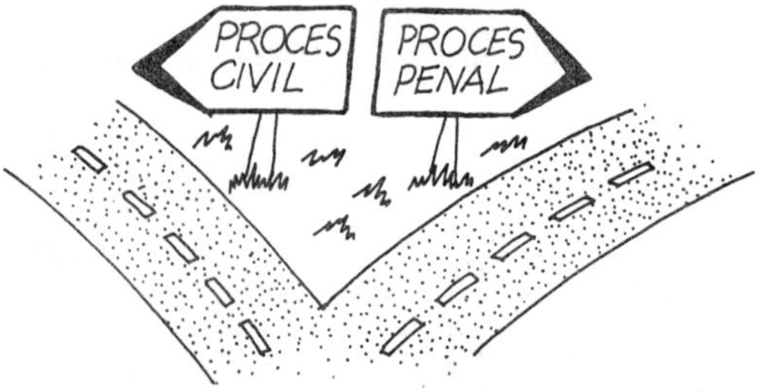

adversaire peut faire durer longtemps, et qui, étant moins « impressionnante » que le procès pénal *, risque d'être finalement moins efficace.

---

*Pour le procès civil devant le tribunal d'instance * **(chèque inférieur à 20 000 F)**, vous devez avoir recours à un **huissier** *. En revanche, devant le tribunal de grande instance * **(chèque de plus de 20 000 F)**, le recours à un **avocat** * est obligatoire.*

• ***si le chèque impayé est égal ou inférieur à 20 000 F :*** le tribunal d'instance * compétent est celui dont dépend le domicile de votre débiteur *. Le recours à un avocat * n'y est pas obligatoire. En revanche, vous devez vous adresser à un huissier * afin que ce dernier délivre à votre débiteur une « *assignation * en paiement* », c'est-à-dire une convocation devant le tribunal pour une date déterminée. Figureront sur cette assignation * :

- une demande de paiement du montant du chèque,
- une demande de paiement d'un certain montant d'intérêts de retard, de dommages-intérêts * si vous justifiez d'un préjudice *,
- une demande de remboursement de vos frais de justice.

• ***si le montant du chèque est supérieur à 20 000 F :*** le tribunal de grande instance * (dont dépend le domicile de votre débiteur) est compétent et le recours à un **avocat * est obligatoire.**

2) le procès pénal * peut amener le débiteur à être condamné à une peine d'emprisonnement ou à une amende.

Mais, pour prononcer ces sanctions, la loi exige « *que le chèque ait été émis sans provision préalable suffisante et disponible, avec l'intention de porter atteinte aux droits d'autrui* ».

---

*N'engagez pas un procès pénal * si vous n'avez pas l'assurance que le compte de celui qui vous a remis le chèque n'était pas suffisamment approvisionné et qu'il le savait : il serait voué à l'échec.*

Pour engager un procès pénal * il faut que deux conditions soient réunies :

1) que le titulaire d'un compte bancaire qui vous a remis un chèque ait eu, à l'instant où il vous le remettait, un **compte insuffisamment approvisionné.**

2) que le débiteur ait su, en vous remettant ce chèque, qu'il ne vous serait pas payé ou le serait partiellement par sa banque et que, ce faisant, il vous causerait un tort (les professionnels du droit parlent d' « **intention coupable** »).

Les décisions de justice exigent que cette intention coupable soit clairement établie ; en effet, votre débiteur * ne sera pas condamné s'il fait la preuve que le chèque a été émis à la suite d'une négligence ou d'une erreur comptable.

A quelle réparation pouvez-vous prétendre ?

Votre débiteur * indélicat a pu vous causer un certain préjudice * : frais divers, nécessité d'obtenir un crédit de votre banque pour combler l'éventuel solde débiteur présenté par votre compte du fait du chèque impayé, etc.

*Vous pouvez obtenir une réparation * dont le montant peut dépasser celui du chèque impayé.*

Comme pour le procès civil *, vous pouvez donc obtenir, en plus du montant du chèque, l'indemnisation des préjudices * causés par l'émission de ce chèque sans provision (voir le chapitre « Comment obtenir réparation dans le cadre du procès pénal », p. 23).

Voici quelques précautions à ne jamais oublier.

Lisez attentivement ceci pour ne pas risquer à votre tour d'être poursuivi pour chèque sans provision.

- Ne signez jamais à l'avance et en blanc les formulaires de votre chéquier.
- Déclarez immédiatement à votre banque, la perte ou le vol de votre chéquier et faites opposition * au paiement des chèques à venir que vous n'auriez pas personnellement émis.

Si vous n'êtes pas en mesure de vous déplacer à votre banque pour effectuer la déclaration de perte ou de vol, téléphonez, mais confirmez toujours votre appel téléphonique par lettre recommandée avec accusé de réception. Précisez, si possible, le numéro du dernier chèque que vous avez émis.

- Si un commerçant ou toute autre personne vous demande de lui laisser « un chèque en garantie », refusez si vous ne disposez pas sur votre compte bancaire d'une provision permettant le paiement de ce chèque.

En effet, dès que vous avez rempli, daté et signé un chèque et que vous le remettez à une personne, c'est exactement comme si vous effectuiez un paiement : elle pourra le déposer en banque à dater du jour de son émission (ne laissez jamais la date en blanc).

Chapitres à consulter :

- Comment obtenir réparation dans le cadre du procès pénal, *p. 23.*
- Les saisies (voies d'exécution), *p. 223.*
- La preuve, *p. 183.*
- L'aide judiciaire, *p. 275.*

Le défaut de règlement d'une pension alimentaire

DEUXIÈME PARTIE

Votre époux, votre épouse ou votre enfant majeur, par exemple, ne vous verse pas ou verse irrégulièrement ou incomplètement le montant de la pension alimentaire qu'il (qu'elle) a été condamné(e) à vous régler.

Quels recours vous sont offerts pour le (la) contraindre à respecter ses obligations ?

Nos lois mettent à votre disposition diverses procédures * qui devraient vous permettre d'atteindre cet objectif. Les plus utilisées sont les suivantes :

- le paiement direct ;
- la saisie-arrêt sur salaire ;
- la saisie-exécution ;
- le recouvrement par le Trésor Public.

---

*Lorsqu'une pension alimentaire vous a est attribuée par une décision de justice *, engagez* ***rapidement*** *une procédure de recouvrement en cas de non-paiement.*

Ces procédures seront d'autant plus efficaces qu'elles seront mises en œuvre **le plus rapidement possible, dès les premiers incidents de paiement.**

Ces démarches ne pourront être entreprises que si vous pouvez justifier d'une **décision de justice préalable** ayant ordonné le paiement de la pension alimentaire (à la suite d'un divorce, d'une condamnation à verser une pension au profit de parents âgés, par exemple).

Si pendant 2 mois au moins, vous ne percevez pas votre pension, votre caisse d'allocation familiale vous versera une somme actuellement fixée à 297 F par mois et par enfant à charge et cela quelles que soient vos ressources.

Pour l'obtenir, joignez à votre demande :

- le jugement qui a fixé la pension,
- une attestation sur l'honneur qu'elle ne vous a pas été réglée.

Attention : cette aide cessera si dans les 4 mois qui suivent le versement par la caisse, vous n'avez pas entrepris des poursuites (voir ci-dessous) contre le débiteur de la pension.

Selon la procédure choisie, voici ce qu'il faut faire :

I — *LE PAIEMENT DIRECT*

Vous pouvez, selon cette procédure, obtenir le paiement de la pension sans engager un nouveau procès si vous bénéficiez d'un jugement définitif ou immédiatement exécutoire *.

Avant d'engager cette procédure, lisez très attentivement le jugement ou renseignez-vous pour savoir s'il peut être immédiatement exécuté.

N'hésitez pas à vous renseigner auprès du greffe * du tribunal qui a rendu le jugement ou auprès de votre avocat * pour savoir si la décision peut être exécutée.

*Si une seule échéance de votre pension est impayée, entamez la procédure * de paiement direct par l'intermédiaire d'un huissier *.*

Si une seule échéance de votre pension est impayée demandez à l'employeur ou à toute personne ou entreprise (banque, centre de chèques postaux, caisse d'épargne, etc.) qui détiendrait des fonds pour le compte de votre débiteur * de retenir une somme égale à celle qui vous est due et de vous l'envoyer.

Joignez un dossier complet à la lettre que vous adresserez à l'huissier.

N'oubliez pas d'indiquer l'identité, l'adresse, le numéro d'immatriculation à la Sécurité sociale, le numéro de banque, de compte chèques postal, de caisse d'épargne du débiteur et l'adresse de l'employeur de la personne qui vous doit une pension alimentaire.

N'attendez pas ! : Constituez votre dossier *« paiement de pension alimentaire ». Il doit comporter :*
– une photocopie du jugement relatif à votre pension alimentaire,
– un décompte des sommes qui vous restent dues,
– tous renseignements en votre possession concernant la personne qui vous doit la pension.

La loi vous donne des facilités pour rechercher le débiteur * de la pension :

Les divers organismes susceptibles de détenir des renseignements relatifs à l'adresse de ce (cette) dernier (e) et à celle de son employeur doivent les communiquer à l'huissier * chargé de faire la demande de paiement direct ; ces organismes sont :

— l'administration fiscale
— la Sécurité sociale
— le service des recherches dans l'intérêt des familles
— le fichier national des comptes bancaires
— les fichiers départementaux des cartes grises
— etc.

Il s'agit d'une **demande de paiement direct** * notifiée * par un huissier * du lieu de votre résidence. Cette demande sera faite par lettre recommandée avec accusé de réception et dans le même temps, l'huissier * en avisera la personne qui vous doit la pension.

---

*Votre arriéré * de pension vous sera réglé en 12 mensualités égales.*

Cette procédure de paiement direct vous permettra d'obtenir le règlement :

— **des six dernières mensualités** venues à échéance qui ne vous ont pas été réglées, à condition qu'elles soient dues avant la notification * de la demande de paiement direct,

— **des mensualités à venir.**

Ce règlement de l'arriéré * de pension (on dit aussi « arrérages ») s'effectuera en versements égaux sur une période de 12 mois.

Votre conjoint (ou vos descendants) a été condamné à vous verser une pension alimentaire mensuelle de 1 000 F. Il (elle) vous doit 6 mensualités de pension alimentaire (6 × 1 000 = 6 000 F) et ne semble pas décidé (e) à vous régler les pensions à venir.

Vous engagez une procédure de paiement direct dans la mesure où il existe un salaire ou des fonds détenus par une personne ou une entreprise au profit de votre débiteur * (débitrice).

Vous percevrez, pendant un an et ce, chaque mois à compter de la demande de paiement direct, la somme suivante :

– montant de la pension pour le mois en cours	1 000 F
– et 1/12e du montant des pensions alimentaires dues au titre des 6 derniers mois précédant la notification * de la demande : $\frac{6\,000}{12}$	500 F
– soit au total par mois	1 500 F

Lorsque cette année sera écoulée et que par conséquent l'arriéré * de pension vous aura été versé, vous percevrez à nouveau 1 000 F par mois.

Les frais de la procédure de paiement direct sont à la charge de celui ou de celle qui doit la pension. ***Aucune avance ne peut vous être demandée par l'huissier*.***

La procédure de paiement direct, vous l'avez compris, consiste à contraindre le débiteur * de la pension alimentaire à vous la payer.

La pension alimentaire peut vous être payée par prélèvement direct, si vous vous mettez d'accord avec celui ou celle qui vous la doit. Il suffit de le préciser au juge.

Cette procédure peut aussi être spontanément utilisée si vous vous mettez d'accord avec votre débiteur *. Il suffira alors que vous l'indiquiez au juge qui fixera le montant de la pension et précisera dans son jugement que le paiement s'opérera par prélèvement direct.

Dans ce cas, un huissier* de votre choix adressera officiellement à l'employeur du débiteur* de la pension ou encore à toute personne ou entreprise détenant des fonds pour le compte de ce dernier l'extrait du jugement constatant votre accord et vous serez alors payé(e) automatiquement.

II — *LA SAISIE-ARRÊT SUR SALAIRE*

Préférez la procédure de saisie-arrêt sur salaire si votre pension ne vous est pas versée depuis plus de 6 mois.

Cette procédure n'est possible que :
- si la personne qui vous doit la pension est salariée,
- si vous connaissez l'adresse de son employeur.

Pour entamer la procédure de saisie-arrêt sur salaire : renseignez-vous sur la marche à suivre auprès du greffe du tribunal d'instance* de votre domicile.*

Le tribunal compétent pour recevoir votre demande de saisie sur salaire est le tribunal d'instance* du domicile du débiteur *.

Vous pouvez également vous faire assister d'un avocat * ou de certaines personnes énumérées par la loi (conjoint, parent, alliés...) à qui vous aurez préalablement remis une procuration * ♦ (elle est inutile pour l'avocat *) et tous les documents composant votre dossier de demande de paiement de pension alimentaire.

♦ Voir modèle page 163

III — *LA SAISIE-EXÉCUTION*

Cette procédure permet de saisir * et de faire vendre les biens mobiliers * de celui ou de celle qui a été condamné (e) à vous verser une pension alimentaire, si bien entendu, ce (cette) dernier (e) n'a pas respecté ses engagements.

---

*Renseignez-vous auprès d'un avocat * ou d'un huissier * pour faire vendre les biens mobiliers * de celui ou de celle qui vous doit la pension.*

Cette procédure est relativement complexe à mettre en œuvre. C'est pourquoi il vous est très fortement recommandé de vous faire conseiller par un avocat * ou un huissier * (reportez-vous au chapitre « Les saisies (voies d'exécution) », p. 223).

IV — *LE RECOUVREMENT PAR LE TRÉSOR PUBLIC*

Si le montant des pensions alimentaires impayées n'a pu être récupéré par l'un des moyens précédemment énumérés, vous pouvez recourir à la procédure du recouvrement public grâce à laquelle le Trésor recouvre la pension alimentaire à votre place en usant des procédures applicables au recouvrement des impôts.

Si vous n'avez pas réussi à vous faire payer votre pension alimentaire par l'une des procédures indiquées, il vous reste à demander au Trésor de la recouvrer pour votre compte.

Pour ce faire, vous devez adresser une lettre recommandée avec accusé de réception au procureur de la République * ♦ du

♦ Voir modèle page 164.

tribunal de grande instance * dont dépend votre domicile pour lui demander d'engager cette procédure. Vous pouvez aussi la déposer directement auprès de ce magistrat.

Cette lettre doit être accompagnée d'un dossier contenant :

- la copie du jugement relatif à la pension alimentaire,
- les documents établissant que le recouvrement de votre pension n'a pu être obtenu par une autre procédure :
  - en cas d'échec de la procédure de paiement direct : une attestation * de l'huissier *,
  - en cas d'échec de la procédure préalable de saisie : une attestation * demandée au greffier *du tribunal compétent, etc.
- tous les renseignements dont vous disposez sur votre débiteur (débitrice) : nom, adresse, profession, numéro d'immatriculation à la Sécurité sociale, numéro de compte bancaire, numéro de compte chèque postal, numéro de caisse d'épargne, adresse de son employeur,
- montant des mensualités de la pension alimentaire,
- montant des six dernières mensualités impayées à la date de votre demande.

Le comptable du Trésor fera payer à votre débiteur, pour couvrir ses frais de recouvrement, une somme égale à 10 % du montant de la pension qui vous est due, ainsi que les frais de poursuite.

Comment faire condamner la personne qui ne vous a pas payé la pension ?

L'ABANDON DE FAMILLE

Lorsque le débiteur de la pension alimentaire reste plus de deux mois sans verser la *totalité* de son montant, il peut être poursuivi devant le tribunal correctionnel pour **« abandon de famille ».**

Il vous suffit alors d'adresser au procureur de la République * du tribunal de votre domicile une simple lettre ♦ dans laquelle vous lui préciserez les faits dont vous avez à vous plaindre.

*Vous pouvez aussi déposer une plainte pour « **abandon de famille** ».*

Bien que la plainte pour abandon de famille ne soit pas une procédure de recouvrement qui vous permette d'obtenir le paiement des mensualités qui vous restent dues, elle constitue cependant un *moyen de pression* non négligeable dans la mesure où elle peut entraîner la condamnation de votre débiteur * à une peine d'emprisonnement et d'amende.

Le parent ainsi condamné pour abandon de famille peut être privé de l'exercice de l'autorité parentale * et par exemple de son droit de visite tant qu'il n'a pas recommencé à assumer ses obligations pendant une durée d'au moins 6 mois.

Comment percevoir une pension alimentaire de / à l'étranger ?

Vous devez vous adresser :

- **si vous habitez la France :** au procureur de la République * de votre domicile,
- **si vous habitez l'étranger :** soit au ministère de la Justice ou des Affaires Etrangères du pays dans lequel vous résidez, soit au consulat de France.

Dans tous les cas vous remettrez un dossier comprenant :

- un exposé des motifs * de votre demande,
- des renseignements sur votre débiteur * : ses nom et adresse, ceux de son employeur...

♦ Voir modèle page 165.

- la copie du jugement relatif à la pension alimentaire, le cas échéant, une copie de votre acte de mariage ou des actes de naissance de vos enfants,
- une procuration * ♦ donnant tous pouvoirs à l'institution (ministère, consulat, etc.) qui vous représentera dans la procédure.

Si vous ignorez le lieu où réside le débiteur et l'adresse de son employeur, portez plainte pour abandon de famille (voir ci-dessus). Une enquête sera ordonnée par le parquet pour rechercher ces renseignements.

Vous pouvez obtenir de plus amples informations :

– auprès du bureau de l'Entraide judiciaire Internationale du Ministère de la Justice – Voir « Les adresses utiles », p. 283,

– auprès du Service de recouvrement des aliments du Ministère des Relations Extérieures – Voir « Les adresses utiles », p. 283.

Attention !

Après le divorce ou la séparation de corps, celui ou celle qui doit la pension alimentaire a l'obligation de signaler tout changement de domicile au bénéficiaire de la pension ; s'il ne le fait pas il encourt une peine d'amende et d'emprisonnement.

Sachez toujours où habite celui qui vous doit une pension alimentaire, et pensez aux délais de prescription *.

Au-delà de 5 ans, vous ne pouvez plus engager une action en recouvrement d'une mensualité de pension alimentaire.

Ainsi, une pension alimentaire due au 1er janvier 1978 ne peut plus être réclamée si aucune action n'a été engagée avant le 1er janvier 1983.

♦ Voir modèle de procuration page 163.

Chapitres à consulter :

- La prescription, *p. 217.*
- Les saisies (voies d'exécutiòn), *p. 223.*
- L'aide judiciaire, *p. 275.*

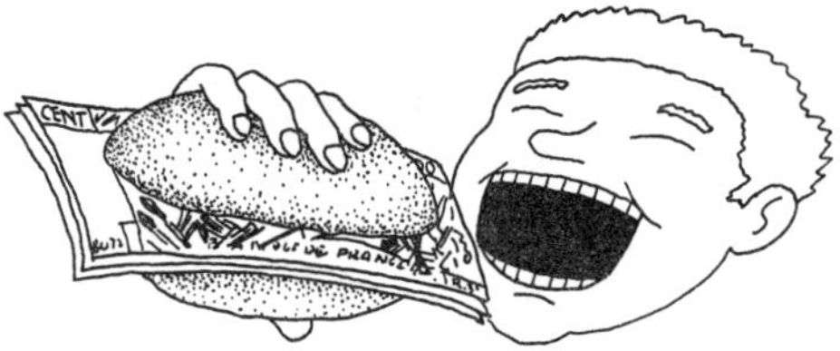

Modèle de procuration *

Je soussigné(e) *(indiquez ici vos nom, prénoms, date et lieu de naissance, nationalité, profession et domicile)* ____
____

Donne, par la présente lettre, tous pouvoirs à ________
____

(indiquez ici les nom, prénoms, date et lieu de naissance, nationalité, profession et domicile de la personne que vous avez chargée de vous représenter).
Afin de me représenter devant le tribunal d'instance * de ________________________________
________________ *(indiquez ici le tribunal compétent)* et d'y effectuer, pour moi et en mon nom, toutes les démarches et actes nécessaires au paiement par voie de saisie-arrêt sur salaire des mensualités de pension alimentaire que reste me devoir M. ________
____

(indiquez ici les nom, prénoms, profession et adresse de celui qui vous doit la pension alimentaire. Précisez également le nom et l'adresse de la personne ou de l'entreprise qui emploie ce dernier).

Fait à ____________________, le ____________

Signature :

N.B. – Votre signature sera précédée de la mention suivante rédigée de votre main : « bon pour pouvoir ».

Modèle de lettre à envoyer au procureur de la République pour obtenir le recouvrement par le Trésor Public

Date ______________________________

Monsieur le procureur de la République *,

J'ai l'honneur de vous exposer que M. ____________

– Nom : ____________________________

(indiquez ici le nom de celui ou de celle qui vous doit la pension)

– Prénoms : __________________________

– Profession : _________________________

– Adresse de l'employeur : ________________

– Numéro de Sécurité sociale : ______________

ne m'a pas versé depuis le _________________
la pension alimentaire qu'il (qu'elle) me doit en vertu du jugement dont vous trouverez une copie sous ce pli.

Cette pension se monte à __________________
francs par mois et il m'est déjà dû un arriéré * d'environ ________________ francs à compter du ______
____

Je vous prie de bien vouloir m'admettre à la procédure de recouvrement par le Trésor Public.

Veuillez agréer, Monsieur le Procureur de la République *, l'expression de ma considération distinguée.

Signature :

Pièces jointes : _________________________

– copie du jugement relatif à la pension alimentaire et tous documents établissant que le recouvrement de celle-ci n'a pu être obtenu par une autre procédure.

Modèle de lettre à adresser au procureur de la République dans le cadre de la procédure d'abandon de famille

Date ____

Monsieur le procureur de la République *,

J'ai l'honneur de vous exposer que M. ______________

____

(indiquez ici les nom, prénoms, adresse de celui ou de celle qui vous doit la pension)

ne m'a pas versé depuis le *(deux mensualités au moins doivent être **impayées**)* ______________________

ou bien encore :

ne m'a pas versé depuis le *(deux mensualités au moins n'auront dû être que **partiellement réglées**)* __________ la pension alimentaire qu'il (qu'elle) me doit en vertu du jugement dont vous trouverez une copie sous ce pli. Je dépose dans ces conditions entre vos mains une plainte pour abandon de famille et vous prie de bien vouloir engager des poursuites à l'encontre de mon débiteur (ma débitrice), lorsque ce (cette) dernier (e) comparaîtra, afin de m'y constituer éventuellement partie civile *.

Je vous prie de croire, Monsieur le Procureur de la République *, à l'expression de ma considération distinguée.

Signature :

Pièces jointes : ______________________________

– copie du jugement relatif à la pension alimentaire et éventuellement tous documents établissant que le montant des deux dernières mensualités de la pension alimentaire n'a pas totalement été réglé.

Les infractions en matière de consommation

DEUXIÈME PARTIE

Depuis quelques années, la consommation fait l'objet d'une protection de plus en plus développée.

L'Institut national de la consommation et plus récemment le ministère de la Consommation ont été créés pour vous informer et mieux assurer l'exercice de vos droits.

Sur le problème général de la consommation, renseignez-vous auprès de l'Institut national de la consommation (voir « Les adresses utiles », p. 283).

Parallèlement, des infractions * ont été définies pour sanctionner les atteintes les plus graves aux droits des consommateurs.

L'objet de ce chapitre n'a pas pour but de vous présenter l'ensemble des très nombreuses infractions * en matière de consommation, mais plutôt de vous aider si vous êtes victime des plus fréquentes :

- le refus de vente,
- la publicité mensongère,
- les méthodes de vente.

Que faire si vous êtes victime d'un refus de vente?

Vous entrez dans un magasin pour acheter un produit exposé en vitrine. Le commerçant refuse de vous le vendre, pouvez-vous l'y contraindre ?

Assurez-vous d'abord que ce produit est présenté parmi les objets mis en vente ; car vous ne pouvez exiger d'acheter un objet manifestement placé comme décoration.

En revanche, vous pouvez réclamer toutes les indications relatives aux modèles (prix, coloris, etc.) d'un article exposé ; si le vendeur refuse de vous les donner et ainsi vous empêche de passer votre commande, il y aura **refus de vente.**

Si le vendeur persiste dans son refus manifestement anormal, faites constater ce refus par un agent de police, un huissier * ou plusieurs témoins.

Une fois muni de ce constat *, et si le vendeur persiste dans son refus, vous saisissez * le tribunal.

Que faire si vous êtes victime d'une publicité mensongère?

Votre intérêt pour un produit a été éveillé par une publicité.

Lorsque vous vous procurez ce produit, vous constatez qu'il ne présente pas toutes les caractéristiques annoncées par la publicité, par exemple : vous avez lu que vous pouviez acquérir une automobile X pour 1 000 F par mois ; mais après avoir signé le contrat d'achat, vous vous apercevez qu'il faut en plus acquitter un premier versement de 10 000 F et des « taxes » supplémentaires de 200 F par mois.

Portez plainte au commissariat de police ou près du procureur de la République * pour publicité mensongère et si l'infraction * est retenue contre le vendeur vous pourrez faire annuler la vente, ou l'obliger à respecter les termes de sa publicité. Vous pourrez en outre obtenir des dommages-intérêts *.

Portez plainte *pour faire annuler la transaction ou bénéficier des conditions promises par la publicité.*

Si vous portez plainte :

– Vous avez intérêt à faire d'abord constater toutes les caractéristiques du produit que vous avez acquis et à conserver un exemplaire de la publicité en cause.

– Assurez-vous que la publicité est bien mensongère au sens de la loi avant de porter plainte auprès du procureur de la République *.

---

*N'oubliez pas de garder la trace des relations que vous aurez eues avec le vendeur. Pensez à réunir toutes les pièces justifiant les dépenses que la publicité mensongère vous a coûtées (actes d'huissier * par exemple).*

Pour qu'une publicité soit considérée comme mensongère, il faut qu'elle présente des éléments faux (indications ou présentation), qui ne correspondent pas à la réalité, par exemple :

– affirmer que le produit est fabriqué selon une méthode « artisanale » alors qu'il l'est selon les technologies modernes ;

– affirmer que l'objet est en or bien qu'il ne soit que plaqué or ;

– l'appartement que vous achetez n'a pas la même superficie que celle indiquée sur la publicité ;

– le vendeur d'électroménager vous a assuré qu'il dépannait le dimanche alors que son service après-vente ne se déplace qu'en semaine.

Que faire si vous êtes victime d'une méthode de vente irrégulière ?

Vous avez pu également être victime d'un vendeur qui utilise des méthodes de vente irrégulières. La loi vous protège particulièrement en cas de vente à domicile (**démarchage**) ou de vente par correspondance (**vente forcée**). Enfin, méfiez-vous des **clauses** * abusives des contrats que vous signez.

I – *LE DÉMARCHAGE*

Quand un vendeur se présente chez vous, soyez prudent. ***Lisez attentivement le contrat*** ** avant de le dater et de le signer.*

Vous avez reçu chez vous un vendeur qui vous a convaincu d'acheter sa marchandise ; mais pour éviter de regretter votre éventuel achat, vous devez prendre les précautions suivantes :

- vérifiez **l'identité du démarcheur,**
- exigez qu'il vous remette **un bon de commande,**
- **vérifiez que les mentions suivantes** figurent sur le bon de commande :
  - nom du fournisseur et du démarcheur,
  - adresse du fournisseur,
  - adresse du lieu de conclusion du contrat *,
  - description précise de la marchandise,
  - délais de livraison, garanties, service après-vente,
  - prix global à payer et modalités de paiement,
  - formulaire d'annulation du contrat,
- **datez le contrat** *.

Vous pouvez toujours renoncer à ce contrat à condition de respecter le délai d'annulation de 7 jours. ***Attention :*** *les jours fériés sont compris dans ce délai.*

Vous avez signé le bon de commande et le vendeur est reparti. Après réflexion vous décidez de renoncer. Comment faire **annuler** cette opération ?

- remplissez le formulaire inclus dans le contrat * pour la renonciation,
- envoyez-le au fournisseur **dans les 7 jours** à partir du jour de la commande,
- utilisez une lettre recommandée avec accusé de réception.

Vous avez reçu un démarcheur le 10 mai et signé le contrat * le même jour. Si vous voulez annuler la vente, envoyez votre formulaire de renonciation avant le 17 mai.

Pour éviter d'être victime de clauses * abusives * figurant dans un contrat *, exigez de vous le faire remettre et n'hésitez pas à demander un délai de réflexion pour vous faire conseiller.

II - *LA VENTE FORCÉE*

Vous avez reçu chez vous par voie postale un objet accompagné d'une lettre d'un fournisseur vous informant que vous pouvez le garder en lui adressant le règlement de son prix. La lettre précise que si vous n'acceptez pas l'objet vous devrez le renvoyer à l'expéditeur.

Si vous recevez un objet par la poste, assurez-vous que vous n'aviez rien commandé à ce fournisseur. Ne l'utilisez pas si vous n'entendez pas le conserver.

Que devez-vous faire si vous ne voulez pas le garder ?

Retenez bien que ce type de vente par correspondance

est **interdit** et qu'en aucun cas vous n'êtes tenu d'acquérir un objet que vous n'avez pas commandé.

Même si l'expéditeur vous informe que la réexpédition se fera sans frais pour vous, rien ne vous oblige à le réexpédier ou à le reporter... à condition de le laisser dans son emballage d'origine :

– vous pouvez garder l'objet chez vous en attendant que l'expéditeur vienne le récupérer,

– vous pouvez aussi porter plainte au commissariat ou près du procureur de la République * pour **vente forcée** et remettre l'objet à la police.

III - *LES CLAUSES * ABUSIVES **

Vous avez l'intention d'acheter un objet. Avant de signer le contrat * de vente lisez-le attentivement pour vérifier qu'il ne contient pas de clauses * dites abusives *, c'est-à-dire formulées de telle manière qu'elles vous lient contre votre volonté ou en violation des règlements en vigueur, par exemple :

– une clause * qui donne à votre vendeur le droit de modifier unilatéralement, c'est-à-dire sans votre accord, le prix de l'objet ou sa qualité ;

– une clause * qui vous engage à donner votre accord à des conditions qui ne figurent pas dans le contrat *, par exemple, vous avez signé être d'accord avec des conditions générales de vente qui ne vous ont pas été soumises.

Attention aux clauses qui pourraient vous entraîner au-delà de ce que vous souhaitez.

Si vous avez signé un contrat * contenant une telle clause * renseignez-vous auprès d'une organisation de consommateurs (voir « Les adresses utiles », *p. 283*) avant de saisir * éventuellement le tribunal.

Chapitres à consulter :

- Comment obtenir réparation dans le cadre du procès pénal, *p. 23.*
- La preuve, *p. 183.*
- L'aide judiciaire, *p. 275.*

Qui est responsable ?

TROISIÈME PARTIE

Vous avez subi un dommage *.

Vous désirez, bien entendu, en obtenir réparation * mais à qui allez-vous demander des dommages-intérêts * ? Evidemment au responsable... Mais **qui est responsable ? C'est l'auteur du fait dommageable** * : il doit vous verser une certaine somme en réparation de ce préjudice * : ce sont « les dommages-intérêts * ».

Le responsable est celui qui doit répondre du dommage *et qui peut être condamné à le réparer. Il peut être :*
- ***l'auteur*** *du fait,*
- ***l'employeur*** *de celui qui l'a causé,*
- ***les parents*** *d'un enfant mineur, s'il en est l'auteur.*

La loi prévoit les cas où l'on est civilement responsable * du fait d'autrui * :

– ainsi *l'employeur* doit-il répondre du fait dommageable * commis par son employé dans le cadre et pendant le temps du travail qu'il lui a confié ;

– de même, *les parents* sont civilement responsables * des faits dommageables commis par leurs enfants mineurs.

Nous examinerons des situations dans lesquelles la recherche de la responsabilité de l'auteur du dommage soulève des difficultés. C'est le cas notamment des dommages * causés par :

– *un mineur*
– *un malade mental*
– *un animal*

I – *LE DOMMAGE * EST CAUSÉ PAR UN MINEUR*

Le père et la mère sont responsables du dommage * causé par leurs enfants mineurs non émancipés * qui habitent avec eux.

La responsabilité des parents s'ajoute à celle de l'enfant, dès lors que ce dernier est en âge de comprendre la portée de ses actes.

En pratique, toutefois, l'enfant possède rarement des biens ou des revenus lui permettant de payer des dommages-intérêts *. Aussi, même s'il a été condamné en même temps que ses parents, ce sont le plus souvent ces derniers (ou leur assureur s'ils ont pris la sage précaution de s'assurer contre ce risque) qui vous indemniseront.

*Si vous avez été victime d'un fait dommageable * causé par un enfant mineur, vous pouvez agir contre ses parents et obtenir des dommages-intérêts *.*

Les parents ne sont plus civilement responsables * s'ils ont régulièrement confié l'enfant à un tiers * (personne, organisation, établissement, entreprise, etc.) susceptible d'engager sa responsabilité à leur place, par exemple : une école, une colonie de vacances, un maître d'apprentissage...

Le fait dommageable * commis par un enfant, qui entraîne la responsabilité des parents, peut être un acte fautif, mais aussi

le simple usage d'une chose qui a causé un dommage *, par exemple : l'usage d'une bicyclette qui heurte un piéton.

Pour obtenir des dommages-intérêts il faut :
1°) ***que l'enfant habite avec ses parents.***
2°) ***que l'enfant ait commis un fait** vous ayant causé un dommage * et qui aurait entraîné normalement la responsabilité personnelle d'un majeur si ce dernier avait commis ce fait.*
3°) ***Que les parents aient commis une faute dans la surveillance et l'éducation des enfants.***

La loi présume que les parents de l'enfant, auteur d'un dommage, ont commis une faute d'éducation ou de surveillance de leur enfant, mais en cas de litige *, elle leur permet de prouver le contraire. S'ils y parviennent, ils seront dégagés de leur responsabilité. Il faut noter qu'une telle absence de faute est difficile à démontrer.

Toutefois, la difficulté varie suivant les circonstances et notamment suivant l'âge de l'enfant ; plus cet enfant est âgé, moins les parents sont supposés devoir le surveiller étroitement. Les tribunaux admettent ainsi plus facilement de dégager la responsabilité des parents de grands adolescents, qui ne font pas et ne peuvent pas faire, en pratique, l'objet d'une surveillance de tous les instants.

II - *LE DOMMAGE * EST CAUSÉ PAR UN MALADE MENTAL*

Le malade mental est responsable des conséquences civiles du dommage qu'il a causé.

Alors qu'une personne qui a commis une infraction * en état de démence ne peut être condamnée pénalement *, au contraire, sa responsabilité civile * est totale. Elle devra verser des dommages-intérêts * pour réparer le préjudice * causé alors qu'elle se trouvait sous l'empire d'un trouble mental.

Bien que vous soyez victime d'un malade mental, vous pouvez obtenir réparation.

La situation des malades mentaux ne comporte que deux particularités :

1°) lorsqu'ils sont placés sous tutelle *, c'est au tuteur (le représentant légal qui les remplace pour tous les actes de la vie civile), que doit être demandée réparation * du préjudice * causé par le dommage * ;

2°) lorsqu'ils sont hospitalisés, outre leur propre responsabilité, celle de l'établissement peut être recherchée en cas de faute dans les soins ou la surveillance dont ces malades auraient dû être l'objet.

III - *LE DOMMAGE * EST CAUSÉ PAR UN ANIMAL*

Son propriétaire ou son gardien est civilement responsable * pour le dommage * causé par cet animal.

Si vous avez subi un préjudice causé par un animal, son propriétaire ou son gardien sera tenu de le réparer, mais si c'est vous qui possédez un animal, assurez-vous !

Les dommages * causés par les animaux quels qu'ils soient (chiens, abeilles, etc.), à condition qu'ils appartiennent à une personne, engagent la responsabilité de celle-ci ou celle de la personne à laquelle ce propriétaire a confié la garde de l'animal.

Par contre, il n'est pas possible, en principe, d'obtenir réparation des dommages * causés par des bêtes sauvages vivant librement, sans être élevées ou nourries par quiconque.

La preuve

TROISIÈME PARTIE

Celui qui ne peut faire la preuve d'un droit est dans la même situation que celui qui n'a pas de droit.

Vous devez savoir que c'est au demandeur * de faire la preuve des faits ou des droits qu'il affirme. Ensuite, le défendeur *, s'il conteste ces faits ou ces droits, devra alors démontrer le contraire.

Devant un tribunal vous ne pouvez vous contenter d'affirmer vos droits, il faut en apporter la ***preuve.***

Par exemple, Pierre a prêté de l'argent à Paul ; pour exiger le remboursement de ce prêt, il doit prouver qu'il existe. Mais, si Paul estime qu'il a remboursé le prêt, il devra alors le démontrer.

Comment prouver l'existence d'un fait ou d'un acte ?

EXISTENCE D'UN FAIT

Voici quelques exemples de situations dans lesquelles vous aurez à prouver un fait :

– victime d'un accident d'automobile, vous pouvez apporter la preuve de la responsabilité de celui qui vous a heurté par tous les moyens : indices, témoignages écrits (constats amiables *, constats d'huissier *...). La loi laisse à cet égard toute liberté.

Si vous êtes victime d'un accident de la circulation tous les moyens de preuve sont bons car il s'agit de la ***preuve d'un fait.***

EXISTENCE D'UN ACTE OU D'UN DROIT

– vous pouvez utiliser *témoignages, indices*, présomptions**, écrits... pour prouver que vous avez bien payé la voiture d'occasion que vous venez d'acheter, au prix convenu avec le vendeur, *si ce prix ne dépasse pas 5 000 F.*

– vous avez consenti un prêt de 10 000 F à l'une de vos relations. Vous ne pourrez, dans ce cas, recourir aux témoignages ; *au-delà de la limite de 5 000 F,* ils sont insuffisants et un écrit est exigé pour apporter la preuve de vos droits. Le contenu de cet *écrit* ne pourra alors être remis en cause par votre adversaire.

S'agissant de la ***preuve d'un acte ou d'un droit,*** *des règles légales sont prévues : En dessous de 5 000 F vous êtes tout à fait libre du choix des moyens de preuve que vous utilisez. Au-dessus de 5 000 F il vous faut une preuve écrite.*

Voici les principaux moyens de preuve

LES ÉCRITS

C'est le moyen de preuve le plus utilisé et le moins contestable pour prouver l'existence d'un acte.

La loi prévoit deux sortes d'écrit :

– les actes notariés ou authentiques établis par un notaire * et signés devant lui,

– les actes sous seing * privé rédigés par les parties.

LES ACTES NOTARIÉS

La valeur probante des actes notariés est presque absolue puisqu'elle ne peut être remise en cause que par la voie d'une procédure longue, délicate et coûteuse pour celui qui les conteste. S'il perd, il peut être condamné à une amende et des dommages-intérêts * ; il lui faudra prouver que les mentions figurant dans l'acte sont contraires à la réalité.

---

*L'acte **notarié**, obligatoire pour certains actes, **est la meilleure des preuves.***

La date indiquée par le notaire * devient une date certaine *. La forme de ces actes est très réglementée : ils doivent être rédigés en français, en une seule fois, sans blanc ni interligne, signés par le notaire * et les parties * au contrat *.

La liste des actes que vous devez passer devant un notaire * est établie par la loi. Parmi les plus fréquents, il y a les donations, le contrat de mariage, tous les actes relatifs à des transactions immobilières...

LES ACTES SOUS SEING PRIVÉ

Les actes sous seing * privé sont des écrits établis par les parties * elles-mêmes, signés par elles et constatant leur accord, par exemple :

— factures, bons de commande, contrats d'assurance, contrats de voyage... signés par vous.

---

*L'acte sous seing * privé n'exige aucune forme particulière, sauf votre signature et celle de la personne avec laquelle vous passez ce contrat.*

Vous constaterez qu'à la différence de l'acte notarié il n'est pas nécessaire de faire intervenir un notaire * pour que l'acte sous seing * privé soit valable.

En principe, **toute liberté vous est laissée pour sa rédaction :**

– Il peut être imprimé, dactylographié, écrit à l'encre ou au crayon... (vous avez cependant intérêt à ce que l'écriture soit indélébile) ;

– L'emploi du papier timbré * (exigé dans un intérêt fiscal) n'est pas une condition de validité des actes sous seing * privé ;

– La mention de la date et du lieu où l'acte est passé, ne sont pas nécessaires, mais il est préférable de les indiquer ;

– En revanche, la signature des parties * *est indispensable.* Il s'agit, le plus souvent de l'inscription du nom de celui qui signe, mais aussi de l'inscription de son prénom ou de son surnom, si telle est la forme habituelle qu'il utilise pour signer.

– *La signature doit être manuscrite et non dactylographiée.* Par ailleurs, l'emploi d'un tampon ou d'une griffe * n'est valable que dans des relations entre commerçants ; entre non-commerçants, griffes * ou tampons n'ont aucune valeur.

– *La signature doit être apposée* à la fin de l'acte, parce qu'à cette place, elle marque l'adhésion du signataire à l'ensemble des conditions mentionnées dans cet acte. Mais, s'il se compose de *plusieurs pages,* il est prudent de les *parapher* * après la dernière ligne de chaque page. Toutes les personnes participant à cet acte devront y apposer leur paraphe.

De même, si des modifications ont été apportées à cet acte (mots, phrases, paragraphes ajoutés ou supprimés) il est fortement conseillé d'apposer sa signature ou son paraphe en marge de chacune de ces modifications.

Chaque participant doit signer à la main à la fin de l'acte et mettre ses initiales sur chacune des pages de l'acte.

Il faut savoir en outre que l'acte sous seing * privé doit être établi et signé en autant *d'originaux* qu'il y a de *parties* * ayant un intérêt distinct. Ainsi, votre contrat d'assurance est établi en deux originaux, l'un étant conservé par vous-même et l'autre par votre compagnie d'assurance.

Il doit y avoir autant d'originaux qu'il y a de participants à l'acte.

Il existe une catégorie particulière d'actes sous seing * privé par lesquels une personne seule s'engage (et non plus les deux réciproquement) à verser une somme d'argent à l'autre : c'est le cas par excellence de la **reconnaissance de dette** *.

Pour ceux-ci, l'acte peut valablement être établi en un seul exemplaire.

*Ecrivez toujours **les sommes en toutes lettres**.*

La personne qui s'engage à rembourser la dette doit *inscrire de sa main la somme en toutes lettres et en chiffres et signer.* Si, par inadvertance ou par erreur la somme indiquée en chiffres est différente de celle indiquée en lettres, l'acte sous seing * privé vaudra pour la somme écrite en toutes lettres.

Le **testament olographe** entre dans cette catégorie, ce qui signifie qu'il doit être écrit en entier, daté et signé de la main de celui qui rédige ses dernières volontés, sans aucune formalité et notamment sans intervention d'un notaire *.

L'acte sous seing * privé a la même force en tant que preuve qu'un acte notarié, lorsque les personnes qui l'ont signé le reconnaissent. Celui qui voudrait démontrer que la signature et l'écriture figurant sur cet acte ne sont pas les siennes, devrait alors saisir la justice et demander une expertise d'écriture.

Que faire en l'absence d'écrit ?

ORIGINAL PERDU OU DÉTRUIT

Depuis la loi du 12 juillet 1980, si l'original d'un document a été perdu ou détruit, une copie peut être présentée qui en est la reproduction fidèle et durable. Ce peut être le cas lorsque la banque remplace le chèque original qui lui a été remis par un chèque microfilmé.

En cas de contestation, ce sont les juges qui apprécieront ce que l'on doit entendre par « fidélité » et « durabilité ».

ABSENCE D'ÉCRIT A L'ORIGINE

A défaut d'un acte écrit, la loi considère que de simples éléments écrits peuvent servir de « *commencement de preuve par écrit* » à condition d'être complétés par d'autres moyens de preuve (témoignages, indices *, présomptions *).

Certaines conditions, certaines pièces peuvent vous servir de « ***commencement de preuve par écrit*** *».*

Pour qu'il y ait « commencement de preuve par écrit », plusieurs conditions doivent être réunies :

- **il doit exister un écrit :** par exemple, des lettres échangées entre vous et votre adversaire, un talon de mandat postal, un chèque…
- **cet écrit doit provenir de la personne à l'encontre de qui vous voulez faire la preuve** à condition qu'elle ne conteste pas avoir signé ou écrit ce document ;
- **enfin, le commencement de preuve doit rendre probable ce que vous soutenez,** par exemple, vous avez consenti à l'une de vos relations un prêt de 10 000 F, mais vous avez omis de rédiger un contrat de prêt.

A l'occasion d'une correspondance qu'il vous adresse, votre débiteur * évoque d'une manière précise le montant de ce prêt ; vous pourrez alors produire dans le cadre d'un procès cette correspondance pour justifier de l'existence de ce prêt.

Exigez toujours un écrit, même de vos proches.

Il convient d'ajouter que la loi estime que sont assimilables à un « commencement de preuve par écrit », les déclarations faites pendant la comparution d'une personne convoquée devant le juge, ainsi que son refus de répondre ou son absence de comparution.

IMPOSSIBILITÉ D'EXIGER DE SON PARTENAIRE UN ÉCRIT

Vous pouvez être dans « *l'impossibilité morale ou matérielle* » de conserver une preuve écrite. Plusieurs cas sont possibles, nous n'en citerons que quelques-uns.

L'impossibilité matérielle :

- une des personnes concernées ne sait pas écrire,
- le contrat a été passé par téléphone,
- il s'agit de ventes faites dans les foires ou les marchés qui, d'après l'usage, se font toujours oralement,
- l'original a été perdu par suite d'un cas fortuit ou d'une force majeure * (vol, incendie),
- etc.

L'impossibilité morale :

– liens familiaux : il est difficile d'exiger un écrit entre époux, entre parents et enfants,

– liens purement sociaux : il n'est pas d'usage qu'un médecin, un chirurgien, un avocat * demande à son client une reconnaissance de dette * en règlement de sa prestation,

– le dépôt d'un objet est généralement dispensé de la preuve écrite, ainsi, la remise d'un manteau au vestiaire d'un restaurant ou d'un théâtre...

Dans tous les cas précédents, il faudra substituer à l'écrit, d'autres modes de preuve. Autrement dit, *la preuve est libre.*

Les autres moyens de preuve

LE TÉMOIGNAGE

C'est, à part l'écrit, le moyen le plus fréquemment utilisé. Vous aurez alors recours aux déclarations écrites ou orales de ceux qui ont directement vu ou entendu ce qui a fait l'objet de la contestation *.

Essayez d'obtenir la photocopie de la carte d'identité des personnes dont vous sollicitez le témoignage.

*LA PREUVE PAR PRÉSOMPTION**

• **Présomption * par indice**

Vous pouvez y avoir recours quand vous n'êtes pas en mesure de faire directement la preuve d'un fait ou d'un acte juridique et que, cependant vous disposez d'éléments de preuve qui constituent autant d'indices * permettant de déduire que ce droit ou cet acte juridique ont bien existé.

Ces indices * peuvent être variés : registres et papiers domestiques, attestations * écrites de tiers *, expertise amiable, etc.

En les réunissant, le juge en déduira la preuve d'un fait ou d'un acte juridique. Il s'agit donc, vous l'avez compris, d'un moyen de preuve essentiellement indirect.

Gardez tous les documents, même ceux qui vous semblent de peu d'importance et rassemblez un maximum de témoignages.

• **Présomption * légale**

Un dommage * est causé par un enfant habitant chez ses parents, la loi les rend responsables en estimant qu'ils ont commis une faute de surveillance ou d'éducation.

Si une présomption * légale de ce type existe à votre profit, vous n'aurez pas à faire la preuve de cette responsabilité.

L'AVEU

Votre adversaire reconnaît oralement ou par écrit l'existence d'un fait ou d'un acte juridique, la preuve en est ainsi faite.

LE SERMENT

Le juge convoque votre adversaire et lui demande d'effectuer une déclaration sous serment. Ce moyen de preuve n'est plus guère utilisé.

Les moyens de preuve entre commerçants

Dans les relations entre commerçants, il faut savoir que la preuve est *libre* (écrits, indices *, témoignages, etc.) sauf les cas prévus par la loi (vente d'un fonds de commerce, contrat d'assurance maritime...).

Mais lorsqu'un **acte est passé entre un commerçant et un particulier** (on parle d'acte mixte), ce dernier pourra faire la preuve par tous les moyens de ses prétentions contre le commerçant.

En revanche, dans l'action qu'exerce le **commerçant contre le particulier,** ce sont les règles civiles de la preuve qui s'appliquent, décrites dans les pages précédentes.

ATTENTION ! ne sous-estimez pas l'importance de la preuve.

- ne signez rien, même devant notaire * sans bien comprendre ce à quoi cette signature vous engage. Chaque mot écrit compte ;
- demandez un temps de réflexion pour examiner ou faire examiner l'acte qu'on veut vous faire signer ;
- gardez des doubles de tous les documents que vous avez signés. Ils pourront un jour vous servir de « commencement de preuve ».

La réparation des préjudices *

TROISIÈME PARTIE

L'objet de ce chapitre est de vous permettre de mieux préciser la nature du dommage * que vous avez subi et la façon dont vous pouvez exiger son indemnisation *.

Comment obtenir réparation d'un préjudice ?*

Si vous voulez avoir une chance sérieuse d'obtenir une réparation *, il faudra faire la preuve que votre préjudice * remplit une double condition :

1°) Il doit être direct, donc vous concerner personnellement. Ce sera le cas si, par exemple, vous êtes blessé dans un accident causé par Paul, ou encore si vous êtes l'héritier de celui qui a été tué dans l'accident causé par Paul.

2°) Il doit être certain, c'est-à-dire qu'il doit pouvoir être établi au moment où vous l'invoquez. Votre préjudice * peut être futur et quand même être indemnisé s'il est certain qu'il va se produire et s'il peut être évalué immédiatement, par exemple : vous êtes blessé le 1er mai par Paul et vous êtes hospitalisé pour une durée prévisible de 3 mois, ce qui va vous interdire de prendre vos vacances d'été le 1er juillet dans une station balnéaire où vous avez réservé une chambre dès avril ; vous êtes fondé à réclamer le préjudice * que vous avez subi du fait notamment du dédit * de location.

Pour obtenir réparation d'un dommage :
– Vous devez être personnellement victime d'un dommage certain et cela, même si son effet n'apparaît pas immédiatement.

Les tribunaux admettent même la réparation d'un préjudice * constitué par la **perte d'une chance,** à condition bien sûr que sa réalisation soit probable, par exemple, à la suite d'un accident, vous ne pouvez effectuer un stage professionnel nécessaire pour améliorer votre qualification et notamment votre rémunération. Il y a perte d'une chance.

La perte d'une chance peut être indemnisée.

Les divers préjudices dont vous pouvez réclamer réparation

A condition d'en apporter la preuve, vous pouvez invoquer différents types de préjudices :

LES PRÉJUDICES CORPORELS regroupent toutes les atteintes à une personne physique qui rendent des soins nécessaires ou qui entraînent une incapacité de travail.

En cas de préjudice corporel, conservez tous les documents médicaux dont vous disposez.

Si vous êtes victime d'un tel préjudice *, constituez soigneusement votre dossier car vous ne pourrez être indemnisé que des soins et incapacités dont vous pourrez justifier.

Votre caisse de Sécurité sociale vous indiquera les dépenses qu'elle peut prendre à sa charge.

Le tribunal peut également indemniser le préjudice * lié aux **douleurs physiques** résultant des blessures.

LES PRÉJUDICES MORAUX, que le tribunal peut aussi indemniser, vous affectent non plus dans votre corps mais dans votre **honneur ou vos sentiments**; vous pouvez ainsi demander

réparation à quelqu'un qui, par des propos injurieux, atteint votre honneur ou votre considération en portant en public des affirmations blessantes sur votre vie privée ou vos sentiments religieux, etc.

De même, la perte d'un proche parent vous affecte dans vos sentiments. Vous pourrez réclamer des dommages-intérêts * au responsable du décès (voir chapitre « Qui est responsable ? », p. 177).

LES PRÉJUDICES MATÉRIELS, sont des dommages * qui atteignent vos biens, par exemple : destruction d'effets personnels (vêtements déchirés, meubles brisés, etc.). Vous pouvez en demander réparation.

---

*N'oubliez pas de bien distinguer chacun des préjudices * avec les pièces justificatives * et l'évaluation du montant de la réparation * que vous estimez pouvoir exiger.*

Souvent, vous subissez plusieurs préjudices* à l'occasion d'un seul fait dommageable*. Aussi avez-vous la possibilité de réclamer les différents types de réparation* évoqués ci-dessus. Lors d'un accident de la route causé par un tiers* dans lequel un proche parent a trouvé la mort, vous pouvez demander réparation :

– d'un préjudice corporel (pour votre incapacité de travail personnelle de 15 jours),

– d'un préjudice moral (pour le décès de votre proche parent),

– d'un préjudice matériel (la réparation de votre véhicule).

A quelle réparation * *avez-vous droit ?*

Vous avez déterminé vos préjudices* et établi la responsabilité de l'auteur des dommages* (voir chapitre « L'arrangement amiable* », p. 267). Faute d'arrangement amiable* avec le responsable ou son assureur, le tribunal que vous avez saisi dans les délais fixés par la loi examinera vos demandes et s'il les estime fondées, précisera l'étendue et le mode de la réparation.

L'ÉTENDUE DE LA RÉPARATION

Le juge devra faire en sorte que la réparation soit **intégrale :** vous pouvez réclamer l'indemnisation de **tous** les frais liés directement aux dommages subis, par exemple : si votre voiture a été détruite, vous pouvez prétendre à son remboursement mais aussi aux éventuels frais de location de voiture nécessités par l'immobilisation de votre véhicule.

Pour faciliter l'appréciation du tribunal, fournissez toutes les pièces justificatives*.

LES MODALITÉS DE LA RÉPARATION

Le montant de la réparation est versé en une fois, sous la forme d'un capital, ou bien elle s'échelonne dans le temps, c'est alors une rente qui peut être indexée.

Précisez dans votre demande le mode d'indemnisation qui a votre préférence.

Vous pouvez enfin percevoir une **avance** sur la somme que vous allouera le tribunal à la fin du procès. Pour cela, lisez attentivement le chapitre « Comment percevoir rapidement une indemnité », p. 243.

*LES COMPLÉMENTS D'INDEMNITÉ * APRÈS LE PROCÈS*

Si votre préjudice * s'aggrave après le procès, vous pourrez obtenir du tribunal des indemnités * complémentaires correspondant à cette aggravation.

Les assurances

TROISIÈME PARTIE

Un accident, ou « sinistre », selon le terme employé par les compagnies d'assurances est survenu : dégâts des eaux, vol, enfant blessé, décès d'un proche, etc. Vous-même ou votre famille voulez être indemnisé de votre préjudice *. Naturellement, vous vous tournez vers l'assurance, lorsque le responsable du dommage * ou vous-même êtes assuré.

L'assurance est aujourd'hui très répandue, que l'on assure ses proches ou soi-même contre un accident éventuel ou que l'on s'assure pour les dommages * que soi-même ou un tiers * (un de ses enfants, par exemple) pourrait causer à autrui.

L'assurance est une ***garantie*** ** que vous prenez contre les risques * futurs. Mais l'assureur peut refuser d'en garantir certains.*

On distingue deux grands types d'assurance qui, s'ils obéissent à certaines règles communes, comportent néanmoins des particularités importantes dans leur fonctionnement. Ce sont :

– **les assurances de dommages,**
– **les assurances de personnes.**

Les assurances de dommages

Les assurances de dommages protègent votre patrimoine et comprennent :

• *LES ASSURANCES DE CHOSES*

Ces assurances garantissent vos biens contre les risques très divers qui peuvent les affecter : par exemple, incendie, vol, grêle, détériorations, dégâts des eaux, bris de glace, etc.

Elles peuvent aussi couvrir les dommages * plus indirects, telle, par exemple, l'inévitable perte de chiffre d'affaires qui survient après l'incendie d'une entreprise.

Le principe de l'assurance de dommages est de ***compenser un dommage*** * *que vous pourriez subir.*

• *LES ASSURANCES DE RESPONSABILITÉ*

Elles couvrent les paiements auxquels est tenu l'assuré lorsqu'il est responsable d'un dommage *.

Ce sera l'automobiliste qui heurte un piéton sur un passage protégé, le médecin responsable d'un préjudice * dû à une faute professionnelle, les parents garants des dommages * causés par leurs enfants mineurs, etc.

Dans tous les cas, l'assureur indemnise la victime à la place de l'assuré (évitant ainsi à celui-ci d'avoir à le dédommager personnellement).

Les assurances de personnes

Elles couvrent des événements qui touchent généralement la personne même de l'assuré :

– Soit le **décès** de l'assuré qui entend prémunir le bénéficiaire de l'assurance, souvent membre de sa famille, contre les conséquences financières de sa disparition.

– Soit la **survie** de l'assuré au-delà d'un terme fixé (60 ans par exemple) : s'il dépasse cet âge, l'assuré percevra **un capital.** Il s'agit alors, en réalité, d'une opération de sécurité, mais aussi d'épargne.

– **En cas de longue maladie, d'accident, de chômage,** ces assurances peuvent aussi être complétées par d'autres garanties * tel le **versement d'un capital.**

*Les assurances s'appliquent aux événements qui concernent **personnellement** l'assuré ou le bénéficiaire de l'assurance.*

Dans tous les cas, l'assureur verse la somme fixée par avance, et ce, quel que soit le montant du préjudice * réellement subi.

Les assurances obligatoires

Pour garantir efficacement les victimes éventuelles de certains accidents, la loi rend obligatoires certaines assurances * et précise les garanties * minimales qu'elles doivent comporter (mais vous pouvez toujours les compléter en souscrivant des garanties * complémentaires).

Vérifiez bien que vous avez souscrit les assurances que la loi a rendues ***obligatoires*** ♦, *sinon certains risques ne seront pas couverts et vous pourrez même être sanctionné pour défaut d'assurance (exemple : l'assurance automobile).*

♦ La liste des assurances obligatoires peut vous être communiquée par le Centre de documentation et d'information des assurances. Voir « Les adresses utiles », p. 283.

Vos obligations en tant qu'assuré :

• *DÉCLARER LE RISQUE* *

*Lisez attentivement toutes les clauses * figurant dans la proposition de votre assureur.*

– ***Au moment de la conclusion du contrat*** *,

Vous êtes tenu de déclarer le risque *, c'est-à-dire de préciser exactement à l'assureur toutes les circonstances permettant de l'évaluer (sinistres * antérieurs, maladie, etc.). Généralement, les sociétés d'assurances vous demandent de répondre à un questionnaire détaillé pour faciliter cette déclaration.

– ***Pendant toute la durée du contrat*** *,

Vous devrez déclarer toutes les circonstances dont les conséquences pourraient aggraver le risque * prévu initialement au contrat *, par exemple : l'assuré qui installe dans un pavillon une cuve de fuel d'une contenance de 5 000 l doit en informer son assureur qui peut relever la prime * en conséquence. En revanche, toute diminution notable du risque (mise en place d'un système de sécurité contre le vol, vente des meubles rares inclus dans la garantie de l'appartement) doit correspondre à une réduction de prime *.

De fausses déclarations peuvent vous priver de toute garantie.

De lourdes sanctions sont prévues en cas de :

- **fausses déclarations volontaires :**
  Elles entraînent la nullité du contrat * d'assurance ;
- **fausses déclarations involontaires :**
  Si elles sont constatées avant qu'un sinistre * ne se produise, l'assureur a le choix entre augmenter la prime * ou annuler pour l'avenir le contrat *.

Si elles sont constatées après le sinistre *, l'indemnité * sera réduite en proportion des primes * qui auraient été payées si les risques * avaient été exactement déclarés.

Exemple : l'assuré paie une prime annuelle de 1 000 F au lieu d'une prime * de 1 200 F.
Pour un sinistre * de 100 000 F, l'assureur ne lui versera pas 100 000 F, mais seulement :

$$\frac{100\,000 \times 1\,000}{1\,200} = 83\,333 \text{ F}$$

- ***PAYER LES PRIMES***

Si vous ne le faites pas, vous risquez de ne plus être garanti 40 jours après l'échéance de la prime * impayée.

- ***DÉCLARER LE SINISTRE***

Vous êtes tenu de déclarer le sinistre * dans les délais prévus, soit :

– tous sinistres	5 jours	*à dater du jour où vous en avez eu connaissance.*
– vol	24 heures	
– grêle	4 jours	

Le non-respect de ces délais peut entraîner le refus de prise en charge du sinistre * par l'assureur.
Pour l'assurance vie il n'y a pas de délai.

L'obligation de l'assureur :

Si le risque * contre lequel vous vous êtes assuré se réalise, l'assureur, dans la plupart des cas (et selon la nature de l'assurance souscrite) doit vous indemniser (assurance de choses) ou vous verser la somme prévue au contrat * (assurance vie).

Mais avant de réclamer l'indemnité, vérifiez :
– que le risque * est bien de ceux qui sont couverts par le contrat * d'assurance,

– que vous avez satisfait aux obligations qui pèsent sur vous, faute de quoi, vous perdriez votre droit à garantie *.

• *LES RISQUES NON COUVERTS*

La loi exclut ou permet d'exclure un certain nombre de risques * :

– Les risques dus à la **guerre étrangère ou civile, aux émeutes ou aux mouvements populaires.**

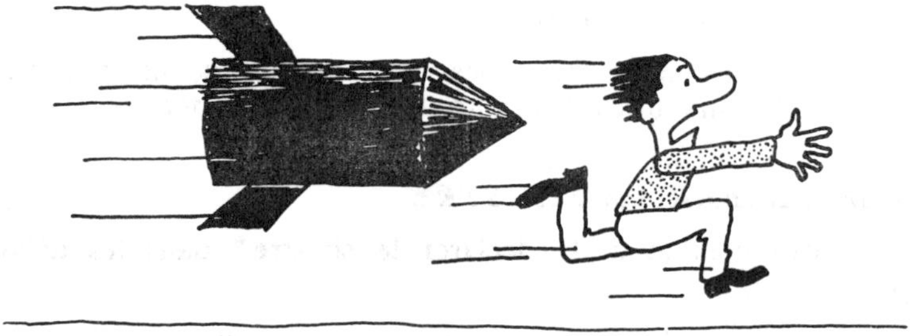

– **Votre faute intentionnelle** qui provoquerait volontairement et consciemment le dommage *. En revanche, l'assureur garantit le risque qui s'est réalisé à la suite de votre **faute involontaire,** ou même parfois d'une **faute volontaire** des personnes dont vous êtes civilement responsable (vos enfants par exemple).

En matière d'assurance de personnes, deux exclusions sont à signaler :

– **Le suicide** de l'assuré n'est pas couvert s'il survient dans les deux premières années du contrat *, à moins qu'il ne soit ni volontaire, ni conscient. (En pratique, il sera souvent impossible de démontrer que l'assuré n'avait pas conscience de ce qu'il faisait).

– **Le meurtre** de l'assuré par le bénéficiaire de l'assurance ne peut lui profiter s'il est l'auteur de ce crime.

Attention ! Sachez que certains risques sont exclus par la loi et ne peuvent, par conséquent, bénéficier de la garantie.

Votre contrat * peut avoir écarté d'autres risques *, mais pour que ces exclusions soient valables, elles doivent avoir été prévues et inscrites clairement dans votre police *.

• *ABSENCE OU PERTE DU DROIT A GARANTIE*

Deux situations sont à envisager :

1) **Vous êtes victime et assuré,** par exemple dans le cas de l'inondation involontaire de votre appartement.

Si vous n'avez pas respecté les obligations mises à votre charge par le contrat * d'assurance, vous ne pouvez réclamer aucune indemnité *. C'est le cas, quand :

– Il y a déclaration volontairement irrégulière des risques *, le contrat est nul.

– Il y a non-paiement des primes *, la garantie se trouve suspendue.

– Le risque * est de ceux qui ne sont pas couverts par le contrat *,

– L'assureur n'a pas été informé du sinistre * dans le délai prévu.

---

*Vous ne pouvez prétendre bénéficier d'un contrat * dont vous n'avez pas respecté les règles.*

---

2) **Vous avez subi un dommage * du fait d'une personne assurée,** par exemple vous avez été blessé par un skieur.

L'obligation de l'assureur envers la victime est calquée sur la garantie * qu'il doit à l'assuré aux termes du contrat * passé avec lui.

Les conséquences de ce principe sont graves car vous ne

pouvez prétendre être indemnisé que si le responsable a satisfait à toutes ses obligations d'assuré, par exemple, la compagnie d'assurances pourra vous refuser sa garantie * si l'assuré n'a pas payé la prime *.

En revanche, la déclaration tardive du sinistre ne supprime pas la garantie.

Vous ou vos héritiers pouvez **réclamer votre indemnisation directement à l'assureur du responsable.** Encore faut-il que la responsabilité de l'auteur du sinistre * ait été reconnue par l'assureur ou établie par le tribunal et que son montant soit déterminé. Si ce n'est pas le cas, l'assuré sera mis en cause au cours du procès que vous intenterez à l'assureur.

Quelle somme allez-vous percevoir ?

Elle diffère selon que l'on se situe dans le cadre d'une assurance de dommages * ou d'une assurance de personnes.

• ***DANS L'ASSURANCE DE DOMMAGES*** (voir p. 206) le montant de la garantie * comporte une double limite :

I — LA SOMME VERSÉE NE PEUT ÊTRE SUPÉRIEURE À LA PERTE SUBIE

Vous ne pouvez exiger n'importe quelle somme : celle-ci doit servir à *compenser* le dommage * réellement subi.

---

*Vous ne serez remboursé que dans la mesure où vous prouverez l'étendue du dommage *.*

Constatation des dommages *

Faites l'inventaire des pertes (en cas de vol, d'incendie, d'inondation) et des dommages * en fournissant :

a) Une estimation indicative de leur valeur,

b) Leur description la plus précise possible,
c) Les factures des objets volés ou endommagés si vous les détenez.

Pensez à conserver *les factures des objets de valeur que vous avez acquis, et photographiez-les.*

La prudence voudrait que vous remettiez à votre assureur lors de la souscription du contrat*, en la complétant ensuite, une estimation de vos biens, accompagnée de photographies.

Cet inventaire peut, en effet, être extrêmement difficile à établir si l'incendie ou le dégât des eaux a tout fait disparaître, même les factures des objets concernés. Toutefois vous pourriez alors utiliser tous les moyens de preuve y compris les témoignages (voir chapitre « La preuve », p. 183).

La compagnie d'assurances, une fois en possession de l'état estimatif, peut, selon la gravité des dommages*, faire procéder à une expertise.

En cas de désaccord avec les conclusions de l'expert, vous pouvez à votre tour faire appel à un contre-expert.

Si vous ne parvenez toujours pas à un accord, l'assureur et vous-même pouvez désigner un tiers expert ou encore demander au tribunal la désignation d'un expert judiciaire.

Évaluation du dommage *

Le dommage * comprend trois éléments :
- La perte subie,
- Le gain manqué,
- Le préjudice * corporel.

1°) *La perte subie*

En cas de sinistre * *total,* la perte est évaluée en tenant compte de la *valeur du bien au jour du sinistre* * et non de sa valeur à neuf.

Cette *valeur d'usage* * correspond au prix de la chose neuve diminuée d'un coefficient de vétusté.

Si le bien était destiné à être vendu, la valeur retenue est *la valeur vénale* * *au jour du sinistre* * (généralement le prix de vente pour le producteur, le prix de revient pour le fabricant, le prix d'achat pour le commerçant).

En cas de sinistre partiel : vous avez droit à la somme nécessaire à *la remise en état* du bien endommagé.

Mais le montant de cette somme est soumis à l'appréciation du tribunal qui peut le limiter à la valeur vénale * ou au contraire condamner l'assureur à verser la somme exigée pour réparer le bien, même si celle-ci excède la valeur vénale * de la chose remise en état.

Justifiez toutes vos demandes par des éléments précis (voir le chapitre « La preuve », p. 183).

Pour un véhicule automobile, vous pouvez réclamer la réparation de la voiture, et cela, même si le coût est supérieur à la valeur vénale *, à condition de justifier de circonstances particulières (impossibilité de remplacer le véhicule, véhicule présentant une certaine originalité du fait de son aménagement, de son caractère de collection, etc.).

2°) *Le gain manqué*

Vous pouvez réclamer à l'assureur, si le cas est prévu au contrat *, la perte de gain consécutive au sinistre *, par exemple : la perte de loyers, de chiffres d'affaires (en cas d'incendie d'un immeuble, ou d'une entreprise).

3°) *Le préjudice corporel* (voir le chapitre « La réparation des préjudices », p. 195).

II — LA SOMME VERSÉE NE PEUT ÊTRE SUPÉRIEURE À LA VALEUR ASSURÉE, PRÉVUE AU CONTRAT

En pratique, deux cas sont à envisager :

1) **La valeur du bien a été déterminée**

• Si la valeur assurée *correspond* à la valeur réelle du bien vous percevrez l'indemnité maximum.

• Si la valeur assurée est *inférieure* à la valeur réelle, par exemple si vous avez mal estimé le prix de vos meubles lors de la déclaration des risques :

- Pour le **sinistre total**, vous percevrez au mieux une indemnité * égale à la valeur assurée.
- Pour un **sinistre partiel**, votre indemnité * réduite dans

la même proportion que celle existant entre la valeur réelle du bien et la valeur pour laquelle il a été assuré.

Cette sous-assurance vous oblige à supporter personnellement une partie du dommage *.

2) **La garantie * n'est pas déterminable**

C'est le cas dans les assurances de responsabilité : l'indemnité * dépend alors du seul préjudice * subi. Elle sera prise en charge par l'assureur soit en totalité, soit dans la limite prévue au contrat *. Tel est le cas, par exemple, en assurance automobile : l'assureur devra indemniser le préjudice * corporel et le préjudice * matériel qui vous sont causés.

La loi prévoit un « plancher », c'est-à-dire un minimum assurable, pour ces deux catégories de préjudice * mais la plupart des assureurs proposent une garantie * illimitée.

• *DANS L'ASSURANCE DE PERSONNES*

En matière d'assurance vie et d'assurances individuelles pour accident, les sommes assurées sont fixées par la police * d'assurance.

Dès lors, vous-même ou le bénéficiaire de l'assurance n'avez pas à justifier du montant de votre préjudice * : vous percevrez la somme prévue au contrat *.

*Dans les assurances de personnes, le contrat * suffit à justifier les sommes qui vous sont dues.*

Si plusieurs assurances ont été souscrites, les capitaux se cumulent.

Que faire si l'assureur ne vous verse pas la somme qu'il vous doit ?

A défaut de paiement, que vous soyez l'assuré ou la victime vous devez adresser à votre assureur, par l'intermédiaire d'un huissier * de votre choix, une sommation * de paiement (acte * mettant l'assureur en demeure * de payer), ce qui permettra de faire courir les intérêts moratoires * (intérêts dus pour le retard).

---

*Demandez à un huissier * d'adresser à votre assureur une mise en demeure * de payer.*

Vous pouvez également exiger, le cas échéant, des dommages-intérêts *, si le retard ou l'absence de paiement vous a causé un préjudice *.

La somme d'argent due par l'assureur est normalement versée à la victime ou à ses héritiers.

Mais attention ! Il existe quelques cas où elle peut être versée à d'autres personnes :

– Dans les assurances de choses, cette somme d'argent peut être remise au créancier hypothécaire * ou privilégié de l'assuré, s'il a fait inscrire son hypothèque * ou son privilège * sur le bien assuré ; l'indemnité * remplace alors le bien perdu.

– Lorsque vous avez déjà été dédommagé par un tiers *, l'assureur doit l'indemnité * à celui qui a réparé votre préjudice * à concurrence du montant versé par ce dernier.

Parfois l'assureur ne doit pas une somme d'argent, mais une prestation de service. Dans la garantie dite « défense-recours », l'assureur fournit à son assuré les moyens de se défendre (avocat *...).

Conseils pratiques

Une fois encore, n'oubliez pas de :
- lire attentivement votre contrat * d'assurance ;
- garder vos factures ;
- faire attention aux délais.

La prescription

TROISIÈME PARTIE

De quels délais disposez-vous pour faire valoir vos droits devant les tribunaux ?

Vous avez été victime d'une infraction pénale * qui vous a causé un préjudice * direct. Pour en obtenir réparation vous avez décidé d'engager un procès. Vous ne pouvez le faire n'importe quand ni dans n'importe quel délai.

Une institution particulière régit les délais pendant lesquels vous pouvez engager un procès : **la prescription *.**

Connaissez-vous le sens exact de l'expression : « il y a prescription * ! » ? le voici :

Vous disposez d'un droit qui vous est accordé par la loi. Si ce droit n'est pas respecté par autrui, la loi vous accorde un certain délai pour faire connaître ce droit, l'établir ou le rétablir. Mais si, pendant ce délai, vous n'engagez pas de procès, vous perdrez ce droit.

On dira alors que **votre action est prescrite** ou bien encore que **la prescription * de votre action est acquise.**

Pour mieux comprendre la notion juridique de prescription *, prenons un exemple imagé :

Pensez à une bougie ; elle est composée d'une mèche entourée de cire :

- **votre droit** sera représenté par la cire,
- **le délai** pour exercer ce droit, par la mèche.

Cette bougie (le droit et le délai pour exercer ce droit), bien entendu, vous appartient.

Supposons qu'une autre personne se l'approprie et allume la mèche : elle méconnaît ainsi votre droit et entame le délai dont vous disposez pour agir.

L'objectif, vous l'avez compris, est fort simple : il vous faut, avant que la bougie ne soit totalement consumée (expiration du délai pour agir) souffler sur la flamme, éteindre la mèche, priver dans ces conditions votre adversaire de la lumière de la bougie.

Attention, ne perdez pas de temps pour engager un procès, car, en dépassant les délais de prescription * *vous n'en auriez plus la possibilité.*

Plus vous engagerez tard le procès pour faire reconnaître, établir ou rétablir vos droits, plus difficilement vous y parviendrez. Il est nécessaire, dans ces conditions, que vous connaissiez les différents délais de prescription * afin de faire valoir vos droits avant qu'il ne soit trop tard.

Si vous avez été victime d'une infraction pénale * et que vous décidiez de réclamer des dommages-intérêts * devant une juridiction * répressive (tribunal de police *, tribunal correctionnel *, cour d'assises), voici les délais dont vous disposez pour intenter un procès.

La loi prévoit trois délais :

– **10 ans** si les faits dommageables * constituent un **crime** * (viol, meurtre, etc.) ;

– **3 ans** si les faits dommageables * constituent un **délit** * (vol, escroquerie, coups et blessures, etc.) ;

– **1 an** si les faits dommageables * constituent une **contravention** *.

A l'expiration de ces délais, vous pouvez encore demander réparation * de votre préjudice *, mais uniquement devant une juridiction * civile.

Comment interrompre la prescription ?

Pour interrompre la prescription *, il faut déposer plainte aussi vite que possible ou faire adresser à l'auteur de l'infraction * une citation directe * (voir p. 29) devant le tribunal de police * (s'il s'agit d'une contravention *) ou devant le tribunal correctionnel * (s'il s'agit d'un délit *) (voir le chapitre « Comment obtenir réparation dans le cadre du procès pénal », p. 23).

Mais attention, une plainte simple n'interrompt pas forcément la prescription *, encore faut-il que le procureur de la République * décide de donner suite à votre plainte en engageant des poursuites (citation directe *, information *) à l'encontre de l'auteur de l'infraction * dont vous avez été victime.

En effet, si le procureur décide de classer * votre plainte et de n'engager aucune poursuite *, la prescription * ne sera plus interrompue.

*Le jour où vous avez connaissance d'un acte dommageable * commis à votre encontre, la prescription * commence à courir. Vous ne pourrez l'interrompre qu'en faisant une action en justice : plainte ou citation directe *.*

Si vous n'agissez pas alors dans le délai prévu par la loi :

– soit en faisant adresser vous-même une citation directe * voir p. 29) à l'auteur de l'infraction * ;

– soit en déposant une plainte avec constitution * de partie civile * (voir p. 23 le chapitre « Comment obtenir réparation dans le cadre du procès pénal ») :sinon *votre action sera déclarée prescrite,* et vous ne pourrez pas faire condamner pénalement l'auteur de l'infraction *.

Pour le reste, il vous suffit de savoir que chaque acte de poursuite * effectué sous la direction du procureur de la République * ou du juge d'instruction * interrompt la prescription * et fait courir, comme il est dit plus haut, un nouveau délai d'une année (contravention *), 3 années (délit *) ou 10 années (crime *) à compter de cet acte de poursuite.

Les magistrats * et l'avocat * que vous avez choisi pour assurer la défense de vos intérêts et suivre la progression du dossier, veilleront à ce que cette prescription * soit régulièrement interrompue.

EXEMPLES D'INTERRUPTION DE PRESCRIPTION * :

- **1er exemple :**

Anne vole une somme d'argent à Bernard (délai de prescription : 3 ans). Bernard n'agit pas pendant 3 années contre Anne.

Son action est prescrite, il ne peut plus engager d'action pénale contre Anne à l'issue de ces trois années.

- **2e exemple :**

Anne vole une somme d'argent à Bernard. Bernard dépose une plainte entre les mains du procureur de la République * pour vol contre Anne. Le procureur de la République * classe * l'affaire sans suite.

Deux cas peuvent alors se présenter :

1er) Bernard n'agit pas contre Anne pendant le délai de trois années (citation directe * ou plainte avec constitution de partie civile *), son action sera prescrite et il ne pourra plus faire condamner Anne par une juridiction * répressive.

2e) Le procureur de la République * demande l'ouverture d'une information *. Chaque acte de poursuite (interrogatoire, confrontation, réquisitoire *, etc.) interrompt la prescription * de 3 ans et fait courir un nouveau délai de 3 années à compter de la date de cet acte de poursuite.

Les saisies *, voies d'exécution

TROISIÈME PARTIE

Vous avez obtenu d'un tribunal *un jugement définitif** que vous pouvez faire exécuter immédiatement, condamnant votre adversaire à vous payer une certaine somme d'argent ou vous disposez d'un *titre** (acte notarié, par exemple) comportant l'obligation pour une personne de vous verser une certaine somme d'argent.

Comment percevoir au plus vite la somme qui vous est due ?

« Les voies d'exécution » ou « saisies » sont des procédures tendant à contraindre votre débiteur* à exécuter ses engagements ou cette condamnation. Elles ont un double but :

1) Eviter que **votre débiteur* ne se rende insolvable** en se séparant de ses biens ou en les vendant.
2) Obtenir **le paiement de ce qui vous est dû.** Les biens saisis seront alors vendus afin que vous puissiez être payé sur le prix de leur vente.

***Vous ne pourrez agir seul :** selon le cas, il faudra vous adresser à un huissier*, ou à un avocat* ou à un avoué*.*

Si la saisie* résulte d'un « titre exécutoire* » (acte notarié ou jugement comportant la formule exécutoire*), vous devez vous adresser à un huissier* pour la faire exécuter ; mais si elle est prévue dans une décision de justice à l'issue d'un procès, l'avocat * qui vous représentait demandera à l'huissier * de procéder à la saisie *.

Les saisies * peuvent porter sur des biens mobiliers * ou immobiliers *.

I – *LES SAISIES MOBILIÈRES*

Les principales saisies mobilières sont :

- La saisie-exécution,
- La saisie-arrêt et la saisie-arrêt sur salaire.

Les autres saisies telles que la saisie-gagerie (saisie consécutive au non-paiement des loyers), la saisie-brandon (saisie des récoltes), la saisie-revendication, les saisies des avions et des bateaux, etc., n'ont pas paru, en raison de leur caractère très particulier, entrer dans le cadre du présent ouvrage.

• LA SAISIE-EXÉCUTION

C'est une procédure d'exécution destinée à faire saisir les meubles de votre débiteur * afin de les vendre pour vous faire payer sur le prix de vente.

Cette procédure se déroule en trois phases :

***Pour faire exécuter un jugement** ou une obligation découlant d'un titre *, choisissez un huissier * pour qu'il ordonne à votre débiteur * de payer ce qu'il vous doit, faute de quoi il sera saisi.*

*C'est l'huissier * qui se chargera de conduire cette procédure jusqu'à son terme, c'est-à-dire jusqu'au paiement de ce qui vous est dû.*

---

1) Le commandement *

L'huissier « délivre * » à votre débiteur * un « commandement * », c'est-à-dire lui remet un acte par lequel il lui ordonne de payer la somme due sous menace de saisie *. Si votre débiteur * ne donne pas suite à ce commandement *, la saisie * aura lieu.

2) La saisie *

L'huissier * se présente au domicile de votre débiteur * qui peut être absent ou refuser d'ouvrir la porte ; dans ces cas, en présence du maire de la commune ou du commissaire de police, il peut faire ouvrir par un serrurier la porte du logement de votre débiteur *, *que ce dernier soit là ou non.*

Après avoir pénétré chez lui *, *l'huissier rédige un procès-verbal * qui constitue, en fait, la liste détaillée des objets qu'il saisit.* A partir de ce moment, votre débiteur * ne peut plus se séparer de ces objets, sous peine de poursuites * devant le tribunal correctionnel *.

En effet, s'il se dessaisit des objets figurant sur cette liste, soit en les vendant, soit en les donnant, soit même en les déplaçant dans un autre lieu, il se rend coupable de « ***détournement d'objets saisis*** » et risque une condamnation à une peine d'emprisonnement de deux mois à deux ans et à une amende de 3 600 F à 2 500 000 F.

Si une autre personne revendique la propriété d'un des objets saisis, elle peut, sous réserve de justifier de ses titres * de propriété, s'opposer à la vente devant le tribunal du lieu de la saisie *.

Dans tous les cas, la contestation doit être faite dans un délai de 8 jours à compter du jour où l'huissier * aura officiellement informé votre débiteur * en lui remettant notamment une copie de son procès-verbal * de saisie * (signification * du procès-verbal * de saisie *).

---

*Pour éviter la vente de leurs biens, les débiteurs * s'efforceront de désintéresser leurs créanciers *.*

Un certain nombre d'objets nécessaires à la vie et au travail du débiteur * ou de sa famille ne *peuvent être saisis :*

- les vêtements,
- la literie,
- le linge de maison,
- les objets et produits nécessaires aux soins corporels et à l'entretien des lieux,

– les denrées alimentaires,
– les objets de ménage nécessaires à la conservation, à la préparation et à la consommation des aliments,
– les appareils de chauffage,
– les tables et chaises permettant de prendre les repas,
– un meuble pour ranger le linge, les vêtements et les objets ménagers,
– les objets nécessaires aux handicapés,
– les livres et autres objets nécessaires à la poursuite des études ou à la formation professionnelle,
– les objets d'enfants,
– les souvenirs à caractère personnel ou familial,
– les animaux d'appartement ou de garde,

– deux vaches ou deux chèvres ou brebis, au choix de la personne qui fait l'objet de la saisie *, ainsi qu'un porc, et 24 animaux de basse-cour, avec les pailles, fourrages et autres denrées nécessaires à l'alimentation de ces animaux jusqu'à la récolte suivante,

– les instruments de travail nécessaires à l'exercice personnel par la personne saisie ou les membres de sa famille, de leur activité professionnelle.

Toutefois, si les objets sont des biens de valeur, ils peuvent être saisis par leur vendeur qui n'aurait pu obtenir le paiement du prix et qui dans ce cas a priorité sur vous.

3) La vente

La vente des objets saisis a lieu au moins 8 jours après la signification * *de la saisie* *, ce qui offre à votre débiteur un nouveau délai pour s'acquitter de sa dette.

Cette vente est annoncée par affiche sur les lieux de la saisie *, à la mairie, et le cas échéant au marché et au tribunal d'instance * du lieu de cette saisie * ainsi que par des avis dans les journaux locaux.

Le jour de la vente, l'huissier * vérifie que tous les objets dont il avait dressé la liste dans son procès-verbal * de saisie * ont bien été conservés par votre débiteur *.

Puis la vente a lieu aux enchères * publiques, soit à la salle des ventes, soit au lieu de la saisie *, par un commissaire-priseur * ou, à défaut, par un huissier *. Les enchères * sont permises à toute personne, sans qu'il soit besoin d'intermédiaire quelconque. Le bien est acquis par le dernier enchérisseur *, c'est-à-dire par la personne qui aura offert le prix le plus élevé.

---

*Vous serez payé sur le prix de la vente aux enchères * des objets saisis.*

Vous pourrez alors vous faire payer sur le prix de cette vente. Si d'autres personnes que vous-même ont également fait procéder à la saisie * des biens de votre débiteur *, le prix de cette vente sera partagé (on dit également « distribué ») entre vous-même et ces personnes.

• **LA SAISIE-ARRÊT**

Vous voulez reprendre des biens ou des sommes d'argent qui vous sont dus.

La procédure de saisie-arrêt vous permet de saisir ces biens ou ces sommes entre les mains d'une tierce personne, par exemple :

Pierre vous doit de l'argent (vous êtes son créancier *, il est votre débiteur *) et vous lui réclamez cette dette.

Mais Jacques doit de l'argent à Pierre. Vous pourrez vous faire payer par Jacques (il est alors le tiers * saisi) car il est débiteur * de votre débiteur *.

La loi vous donne deux possibilités :

1) **La saisie-arrêt de droit commun** (c'est la plus pratiquée).

2) **La saisie-arrêt sur salaires** (utilisée quand vous connaissez l'employeur de votre débiteur).

Comment vous faire payer ce qui vous est dû en utilisant la saisie-arrêt de droit commun ?

La procédure de saisie-arrêt de droit commun se déroule en plusieurs temps, chacun de ces temps correspondant à un objectif bien particulier.

1er temps : **Bloquer les fonds ou les biens que le tiers * doit à votre débiteur * au moyen de l'acte de saisie-arrêt :**

Avec un titre exécutoire * (jugement par exemple) ou à défaut une autorisation du juge, vous vous adressez à l'huissier * de votre choix qui se chargera d'assurer la procédure * jusqu'à son terme, c'est-à-dire jusqu'au paiement de votre créance * par la tierce * personne.

> *Si vous avez décidé d'utiliser la saisie-arrêt de droit commun, commencez par vous munir d'une* ***preuve de votre créance*** **. L'huissier * que vous avez choisi fera saisir le « tiers * saisi » et en informera votre débiteur *.*

Dans notre exemple, l'huissier *, par un acte de saisie-arrêt, interdira à Jacques de s'acquitter de sa dette envers Pierre : Ainsi, le banquier de Pierre « doit » à Pierre l'argent que celui-ci possède sur son compte. Le banquier, considéré comme le débiteur * de son client, devient votre débiteur *.

L'huissier * ordonnera à la banque de Pierre de ne pas remettre les fonds à son client. Si le banquier ne respectait pas cette interdiction, il pourrait se voir contraint de vous payer sur ses propres fonds.

2e temps : **Informer votre débiteur * de la saisie * et du procès que vous lui faites :**

C'est l'huissier * qui est chargé d'informer le débiteur * :

– de la défense faite au tiers * saisi de le payer (8 jours après l'acte de saisie-arrêt) ;

– du procès que vous intentez auprès du tribunal, procès au cours duquel seront vérifiées la réalité de la créance * et la régularité de la procédure * suivie jusque-là.

Le tribunal compétent est celui du domicile du débiteur * saisi :

- tribunal d'instance * si la créance est inférieure à 20 000 F ;
- tribunal de grande instance * au-delà de cette somme.

3e temps : **Informer le tiers * saisi du procès engagé :**

L'huissier fait savoir au tiers * saisi que vous avez demandé au tribunal de se prononcer sur la validité de la procédure et l'existence de votre créance *.

---

*C'est l'huissier qui avertit le débiteur ou le tiers * saisi des différentes étapes de la procédure.*

Pour le cas où vous seriez en possession d'un titre * exécutoire * (jugement, acte notarié), l'huissier * invitera le tiers * saisi à déclarer officiellement qu'il est bien le débiteur * du saisi. En cas de refus, le tiers * saisi sera déclaré lui-même débiteur * de la somme qui vous est due.

4e temps : **Obtenir du tribunal le paiement du tiers * saisi :**

Si le tribunal estime que la procédure de saisie * est régulière et que votre créance * est bien réelle, il rend un jugement qui vous donne le droit de vous faire payer directement par le tiers * saisi, la somme qui vous est due, augmentée éventuellement du montant des dommages-intérêts * et des frais de justice (voir p. 41).

---

*C'est le tribunal qui ordonne au tiers * saisi de vous payer effectivement ; mais votre débiteur peut empêcher la saisie-arrêt de se dérouler normalement.*

Votre débiteur * peut faire obstacle à la saisie-arrêt car, dans la mesure où elle implique le blocage de fonds ou d'objets mobiliers lui appartenant, elle peut avoir pour lui de graves conséquences. Voici comment il procédera :

– S'il estime qu'il ne vous doit pas la somme que vous lui réclamez ou s'il est en désaccord sur le déroulement de la procédure *, il demandera au tribunal (ou au juge des référés *) de lever la saisie (en cas d'urgence et si sa réclamation n'est pas sérieusement contestable).

– S'il estime que le montant des fonds ou des biens saisis est hors de proportion avec la somme qu'il vous doit, il demandera alors au tribunal ou, à tout moment de la procédure *, en référé *, de limiter la saisie * au montant de la dette.

Comment vous faire payer ce qui vous est dû en utilisant la saisie-arrêt sur salaire ?

La saisie-arrêt sur salaire est une saisie simplifiée qui se déroule impérativement devant le tribunal d'instance * du lieu où demeure votre débiteur *.

> ***La saisie-arrêt sur salaire*** *est la procédure la mieux adaptée quand votre débiteur est salarié.*

La procédure * commence obligatoirement par une ***tentative de conciliation :*** vous-même et votre débiteur êtes convoqués par le greffier * du tribunal d'instance *.

Si vous ne parvenez pas à vous mettre d'accord au cours de cette audience * de conciliation, le juge, s'il est convaincu de l'existence de la dette, rend une décision autorisant la saisie * des salaires de votre débiteur * entre les mains de son employeur. Ce dernier ne pourra plus lui remettre les sommes dues au titre de ses salaires.

Ensuite, le tribunal appréciera la régularité de la procédure et la réalité des créances * au cours d'une même audience.

---

*Devant le tribunal, vous ferez le point avec votre débiteur *, et, si vous ne parvenez pas à vous entendre la saisie pourra se poursuivre. Si vous n'êtes pas d'accord sur le calcul des sommes qui doivent vous revenir, vous devez retourner devant le tribunal.*

Très important : en raison de son caractère alimentaire, la rémunération des salariés n'est pas intégralement saisissable ou cessible. Des textes fixent les proportions dans lesquelles le salaire annuel de votre débiteur est saisissable :

- 1/20e, sur la portion inférieure ou égale à 9 000 F ;
- 1/10e, sur la portion supérieure à 9 000 F et inférieure ou égale à 18 000 F ;
- 1/5e, sur la portion supérieure à 18 000 F et inférieure ou égale à 27 000 F ;
- 1/4 sur la portion supérieure à 27 000 F et inférieure ou égale à 36 000 F ;
- 1/3 sur la portion supérieure à 36 000 F et inférieure ou égale à 45 000 F ;
- 2/3 sur la portion supérieure à 45 000 F et inférieure ou égale à 54 000 F ;
- la totalité sur la portion supérieure à 54 000 F.

En outre, chacune des tranches est majorée de 2 640 F par enfant à charge de votre débiteur *.

Si la saisie-arrêt est effectuée sur le compte bancaire du salarié, la partie insaisissable égale le montant des salaires qui aura alimenté ce compte au cours des deux mois précédant la saisie *.

Il appartient à l'employeur de votre débiteur *, à la demande de ce dernier, de calculer la portion insaisissable. Faute d'accord sur ce montant, le tribunal devra trancher cette contestation.

II - *LA SAISIE IMMOBILIÈRE*

C'est une procédure * d'exécution * qui exige la présence d'un avocat *. Elle permet de faire saisir un ou plusieurs immeubles dont votre débiteur * est propriétaire, afin de les faire vendre pour vous payer sur le prix de vente.

---

*Toutes les formalités nécessaires à la saisie et à la vente de l'immeuble de votre débiteur * nécessitent l'assistance d'un avocat * et d'un huissier * choisi par lui et par vous-même.*

Cette procédure * se déroule devant le tribunal de grande instance * du lieu où est situé l'immeuble saisi.

Elle comporte deux phases successives :

- La saisie proprement dite ;
- La vente de l'immeuble.

• **LA SAISIE DE L'IMMEUBLE**

La procédure débute par deux formalités essentielles :

Le commandement *

L'huissier * dont vous-même ou votre avocat * aurez fait le choix, délivre à votre débiteur * un « commandement * », c'est-à-dire qu'il lui remet un acte * l'avertissant que, s'il ne vous paie pas sa dette, il sera procédé à la saisie de l'immeuble dont il est propriétaire.

La publication du commandement *

Vous devez (mais, en fait, c'est votre avocat * qui effectuera cette formalité, à votre place) dans les *90 jours* qui suivent la date du commandement *, le déposer en double exemplaire à la « *conservation des hypothèques* * ».

Si ce délai a été dépassé, vous devez recommencer la procédure *, c'est-à-dire faire délivrer * à votre débiteur * un nouveau commandement *.

A partir du jour du dépôt du commandement * à la « conservation des hypothèques * », l'immeuble devient indisponible : votre débiteur * ne peut plus en faire don ou procéder à sa vente.

• **LA VENTE DE L'IMMEUBLE PAR ADJUDICATION***

Avant de procéder à la vente aux enchères*, votre avocat* ou votre huissier* doit accomplir un certain nombre de formalités :

Rédaction et dépôt du cahier des charges*

Dans les 40 jours de la publication au bureau des hypothèques*, l'avocat* établit et dépose au greffe* du tribunal de grande instance* du lieu de l'immeuble saisi un « ***cahier des charges**** », c'est-à-dire un document fixant sous la forme de projets les conditions de vente de l'immeuble saisi, notamment les modalités de paiement et les garanties à fournir par le futur adjudicataire*.

La mise à prix de l'immeuble est fixée par vous-même en collaboration avec votre avocat*. Ni le débiteur*, ni votre créancier* ne peuvent la faire modifier.

Sommation* de prendre communication du cahier des charges*

D'autres personnes que vous-même peuvent être intéressées par la vente aux enchères* de l'immeuble saisi : votre débiteur* lui-même qui en est le propriétaire, les créanciers* inscrits, c'est-à-dire toutes les autres personnes qui auraient inscrit une hypothèque* sur l'immeuble (par exemple le précédent vendeur de l'immeuble, s'il n'a pas encore été payé).

Il est par conséquent important que vous puissiez savoir si d'autres personnes que vous-même ont fait inscrire une hypothèque* sur l'immeuble. Pour obtenir la liste des inscriptions d'hypothèques*, il suffit de s'adresser à la « *conservation des hypothèques** ».

S'il existe des créanciers* inscrits, votre avocat* chargera votre huissier* de délivrer* une « sommation* » par laquelle il met ceux-ci en demeure* de prendre connaissance du cahier des charges* afin que, le cas échéant, ils puissent formuler des « dires* » ou observations, et provoquer ainsi des modifications de ce cahier des charges*. Ces dires* seront examinés par le tribunal au cours d'une audience* appelée « *audience éventuelle** ».

« L'audience éventuelle* » ne peut avoir lieu moins de 30 jours après la dernière sommation*. Le tribunal rend un jugement qui tient ou non compte des observations contenues dans les « dires* » et qui est transcrit à la suite du cahier des charges*. Celui-ci devient alors irrévocable*.

Si aucun dire n'a été formulé, l'audience éventuelle * n'a pas lieu et la procédure d'adjudication * se poursuit.

Comme il faut attirer les acheteurs et faire vendre l'immeuble au meilleur prix, la procédure d'adjudication * se poursuit par des formalités de publicité qui doivent intervenir **30 jours au plus tôt et 15 jours au plus tard avant la vente** aux enchères *, soit par insertion dans un journal d'annonces légales, soit par apposition d'affiches annonçant la vente.

L'adjudication * : la vente aux enchères *

L'immeuble saisi est vendu aux enchères * publiques à la barre du tribunal de grande instance *. Cette vente (ou adjudication *) est la dernière étape de la procédure *. Elle aura pour conséquence l'expropriation * de votre débiteur *.

L'adjudication * dont la date est mentionnée dans les sommations *, a lieu *30 jours au moins et 60 jours au plus tard* après l'audience éventuelle *.

Cette date peut être modifiée par le tribunal dans certains cas : vous-même, l'un de vos créanciers * inscrits ou même votre débiteur * pouvez, s'il justifie d'une cause grave, demander la remise de l'adjudication * à une date ultérieure : cette demande doit être faite *au moins 5 jours avant le jour fixé pour l'adjudication* *.

*Au jour fixé pour l'adjudication *, ont lieu les enchères **.

Est déclaré adjudicataire * (acquéreur de l'immeuble) celui qui fait, le dernier, l'offre la plus élevée. Si aucune enchère * n'est portée, c'est vous-même qui serez déclaré adjudicataire *.

Notez que celui qui veut porter les enchères * à l'occasion d'une vente d'immeuble devant le tribunal ne peut pas le faire lui-même. Il doit s'adresser à un avocat * qui portera les enchères * pour lui.

Le tribunal constate l'adjudication * par un *jugement qui contient la reproduction du cahier des charges et constitue désormais le titre de propriété de l'adjudicataire* *.

Ce jugement doit être « signifié * » à votre débiteur * avec indication du nom de l'adjudicataire *. Votre débiteur * doit alors laisser l'immeuble à la disposition de l'adjudicataire *.

*Le jugement d'adjudication * doit être publié à la « conservation des hypothèques * »* **dans les deux mois. La publication de ce jugement est indispensable pour deux raisons :**

– le jugement transmet la propriété de l'immeuble de votre débiteur * à l'adjudicataire *.

– il n'est « opposable aux tiers * » que dans la mesure où il a été publié.

– ***La surenchère***

Ceux qui estiment que l'adjudication * n'a pas donné un résultat satisfaisant peuvent provoquer *une nouvelle adjudication * en vue d'obtenir un prix plus élevé.* **C'est la surenchère.** Toute personne peut surenchérir en offrant un prix supérieur d'au moins 1/10e du prix principal de la vente. Dans ce cas, la personne qui a fait cette surenchère deviendra adjudicataire * pour la somme qu'elle a offerte si aucun enchérisseur * (personne qui porte les enchères) ne se présente.

---

*Pour exercer une surenchère, consultez un avocat *.*

La déclaration de surenchère doit être faite par l'avocat * de la personne qui désire l'effectuer, au greffe * du tribunal de grande instance * dans les 10 jours de l'adjudication *.

L'adjudication * peut être faite à l'adjudicataire * initial qui verra alors se consolider son droit de propriété, mais également à tout autre adjudicataire * qui aurait proposé une somme égale ou supérieure à l'offre de la personne qui avait formulé la dernière plus forte surenchère et qui deviendra alors propriétaire de l'immeuble.

– ***La conversion en vente volontaire***

Au cours de la procédure * de saisie * immobilière, il est

possible de transformer la vente forcée * en vente volontaire * qui se déroulera devant le tribunal ou un notaire *.

*Vous pouvez avoir intérêt à ce que votre débiteur * trouve lui-même un acheteur.*

Votre débiteur *, et lui seul, peut demander au tribunal, après la publication du commandement *, de transformer la vente forcée * en vente volontaire *.

Il dirigera alors lui-même la procédure * et la mise à prix pourra être modifiée.

– ***La folle enchère***

La folle enchère est la procédure * par laquelle l'adjudication * est remise en cause et *l'immeuble mis à nouveau en vente* parce que l'adjudicataire * n'exécute pas ses obligations : soit parce qu'il se trouve dans l'impossibilité de payer le prix ou parce qu'il n'a pas fait publier, dans les deux mois, le jugement d'adjudication * à la « conservation des hypothèques * ».

Si l'acheteur se révèle incapable de remplir ses obligations, l'immeuble est remis en vente.

– ***Procédure d'ordre*** *

Si votre débiteur * restait devoir à d'autres personnes une certaine somme d'argent et que ces personnes aient pris la précaution de faire inscrire une hypothèque * sur l'immeuble, les sommes provenant de sa vente seront réparties entre vous-même et ces personnes, soit à l'amiable si vous tombez d'accord sur leur partage, soit dans le cas contraire par le tribunal au moyen d'une procédure appelée « procédure d'ordre * ».

– ***Les incidents de la procédure* * *de saisie* * *immobilière***

Des incidents peuvent se produire au cours ou à l'issue de cette procédure * mais en raison de leur technicité, ils ne paraissent pas entrer dans le cadre du présent ouvrage.

En cas d'incident au cours de la procédure, consultez un avocat.*

Le tribunal compétent pour statuer sur ces incidents est le tribunal de grande instance * dans le ressort * duquel est situé l'immeuble saisi.

III - *LES MESURES CONSERVATOIRES*

Vous devez également savoir qu'il existe aussi des mesures dont l'objectif est de rendre indisponibles certains biens d'une personne, qui vous doit ou pourrait vous devoir une certaine somme d'argent, en attendant que vous disposiez d'un jugement ou d'un titre * que vous puissiez faire exécuter.

On dit de ces mesures qu'elles sont conservatoires.

Elles obéissent à des règles propres et peuvent être prises sur des biens meubles ou des immeubles, ou sur un fond de commerce (qu'ils soient détenus par votre débiteur * ou par des tiers * (banque, notaire, etc.)

C'est à un juge que vous demanderez de conserver ces biens pour pouvoir éventuellement les vendre par la suite, si une décision de justice vous en donne le droit.

A) Les mesures conservatoires sur les meubles

Cette procédure * vous permet d'assurer la conservation de certains éléments du patrimoine de votre débiteur * et d'éviter que ce dernier n'organise son insolvabilité.

C'est donc plus une mesure de précaution qu'une voie d'exécution.

Veillez sur vos intérêts avant même que vous puissiez entreprendre une saisie car votre débiteur peut être tenté de se séparer de ses biens.* ***Pour l'éviter, faites une requête*.***

Toutefois, cette procédure * peut aboutir à une vente forcée * des biens de votre débiteur. En effet, si celui-ci ne règle pas volontairement ce qu'il vous doit, vous pouvez faire transformer la mesure conservatoire en saisie-exécution ou en saisie-arrêt.

Comment faire une requête* :
1) Si la somme qui vous est due est inférieure à 20000 F *la requête peut être présentée par vous-même ou par tout mandataire que vous aurez désigné (avocat*, huissier*) au tribunal d'instance*.*
2) Si la somme est supérieure à 20000 F, *la requête doit alors obligatoirement être présentée par un avocat* au tribunal de grande instance*.*
3) Si votre créance est de nature commerciale, *vous-même ou tout mandataire de votre choix pouvez présenter la requête au tribunal de commerce.*

Comment procéder ?

En cas d'urgence, ou si le recouvrement de votre créance* vous paraît en péril, vous pouvez demander, par **requête** au tribunal du domicile de votre débiteur* ou au tribunal du lieu où sont situés les biens à saisir, l'autorisation de saisir conservatoirement les meubles de votre débiteur*.

Pour obtenir du président du tribunal qu'il délivre une ordonnance* vous permettant de rendre indisponible tout ou partie des biens appartenant à votre débiteur*, il n'est pas nécessaire que vous soyez en possession d'un titre exécutoire* (jugement, acte notarié). Il suffit que la créance que vous invoquez paraisse « fondée en son principe ».

C'est au juge à qui est demandée l'autorisation de vérifier si la créance* paraît avoir une existence et si elle ne repose pas sur des prétentions inexactes.

Votre débiteur* ne sera présent au tribunal à aucun stade de la procédure*. Il aura cependant connaissance de l'ordonnance* vous autorisant à faire pratiquer la mesure conservatoire et dont vous devrez obligatoirement *l'avertir* en lui faisant officiellement remettre par un huissier*, une photocopie des trois pièces suivantes :

– **votre requête***.

Dans l'ordonnance* qu'il rend à la suite de votre requête*,

le juge vous fixe un délai dans lequel vous devez obligatoirement engager un procès pour faire valider votre saisie * ou faire constater par un jugement le bien-fondé de votre créance * ;

– **les pièces qui l'accompagnent ;**

– **la décision rendue par le président du tribunal** (on dit que l'huissier * « signifie * » l'ordonnance * à votre débiteur *).

---

*N'omettez donc pas de joindre à votre requête tous les documents qui pourraient **justifier de l'existence de votre créance** *. **Faites avertir** par un huissier * **votre débiteur** * de l'ordonnance * prise à son encontre. **Votre débiteur * peut contester** * **votre demande** ou le jugement et utiliser une procédure rapide : le « référé * ».*

Si votre débiteur * entend, pour une raison quelconque, contester les termes de votre requête * et de l'ordonnance * rendue, il pourra s'adresser au juge qui l'a rendue en utilisant une procédure d'urgence : **le référé** *.

Vous recevrez alors une **assignation** * (acte * contenant une convocation devant le tribunal, l'exposé des moyens de défense de votre débiteur * et ses demandes) afin de comparaître avec lui, dans de très brefs délais, devant le tribunal qui, cette réclamation examinée, rendra une décision, selon la procédure rapide du référé *.

Si, à la suite de ce procès, pendant toute la durée duquel votre débiteur * ne pourra se dessaisir des biens immobilisés, vous obtenez gain de cause, vous disposerez alors d'un jugement (exécutoire) * en vertu duquel vous pourrez faire procéder à la **vente forcée des biens** de ce débiteur selon les règles de la saisie-exécution * (voir p. 226).

Dans le mois qui suit la signification * du procès-verbal * de la saisie conservatoire, votre débiteur pourra demander en référé * au juge qui a rendu l'ordonnance la suppression (on dit également « mainlevée ») ou la réduction de la saisie en proposant de consigner *, c'est-à-dire déposer entre les mains d'un tiers *, (qui ne pourra la lui restituer pendant toute la durée du procès) une somme suffisante pour garantir le paiement de votre créance *.

B) Les mesures conservatoires sur les immeubles ou les fonds de commerce

Selon la même procédure* de requête*, vous pourrez demander au tribunal l'autorisation de prendre sur un fonds de commerce appartenant à votre débiteur une **inscription de nantissement***, ou sur un immeuble dont ce dernier serait propriétaire une **inscription provisoire d'hypothèque*** valable 3 ans et renouvelable.

Demandez au tribunal l'autorisation de faire un ***nantissement****.*

L'inscription deviendra définitive, à votre requête, si vous obtenez un jugement reconnaissant le bien-fondé de votre créance*.

Puis obtenez un jugement qui vous permettra de récupérer votre dû.

Vous pourrez, à cet instant, faire procéder, comme il est dit ci-dessus, à la vente des biens immobiliers* appartenant à votre débiteur*.

Comment percevoir rapidement une indemnité

TROISIÈME PARTIE

Devant les tribunaux, il existe une procédure d'urgence, qui s'appelle **le référé** *. Elle permet d'obtenir *rapidement* du juge une **décision provisoire** et qui doit être *exécutée tout de suite,* telle que la nomination d'un expert ou la saisie * d'un journal.

La **procédure de référé** * peut vous permettre aussi, si l'auteur du dommage * dont vous avez été victime est connu, *et s'il n'existe aucun doute sérieux sur sa responsabilité,* même partielle, d'obtenir immédiatement une avance (provision) à valoir sur les indemnités * qui vous seront allouées par la suite, et cela, sans attendre que vos blessures soient consolidées * ou que votre préjudice * soit définitivement évalué.

Le référé-provision * est une forme particulière de référé * par laquelle le juge des référés * peut vous accorder une somme correspondant à la totalité de votre préjudice *.

Le référé-provision, forme particulière de référé, permet de recevoir très rapidement une indemnité *, avant même d'engager contre l'auteur du dommage * un procès, ou si ce procès a déjà été engagé, avant que le jugement soit rendu.

Attention! Si un procès « au fond » a déjà été engagé devant le tribunal de grande instance *, le juge des référés * n'est plus compétent pour vous accorder une provision. Mais votre avocat * pourra demander cette provision au juge qui suit votre dossier.

Votre demande en référé-provision doit être formée devant le tribunal d'instance * si votre préjudice * est inférieur à 20 000 F et devant le tribunal de grande instance * s'il est plus élevé.

Le tribunal compétent est celui du lieu où s'est produit le dommage * ou celui du domicile du responsable de ce dommage *.

Demandez à votre avocat *, ou directement à un huissier * d'accomplir les démarches nécessaires.

La demande en référé prend la forme d'une assignation * délivrée par un huissier *.

*Pour obtenir rapidement une décision provisoire, demandez à un huissier * ou à votre avocat * d'engager une procédure * en référé *.*

Vous pouvez vous rendre personnellement à l'audience * de référé * ; à défaut vous devez vous faire représenter devant le tribunal de grande instance * par un avocat *, ou devant le tribunal d'instance *, par un avocat ou par certaines personnes telles que votre conjoint, vos parents ou alliés en ligne directe à qui vous remettrez une procuration * pour vous représenter.

Si le juge vous accorde une provision *, votre adversaire est tenu de vous la verser même s'il fait appel.

Attention ! La décision par laquelle le juge accorde une avance, n'est que provisoire : elle peut être remise en cause par la cour d'appel * si votre adversaire a formé un recours *, ou par le tribunal lui-même s'il est saisi * « au fond » pour déterminer avec précision les responsabilités et l'étendue du préjudice *.

Comment constituer votre dossier ?

*Que votre préjudice * excède ou non 20 000 F il vous faudra constituer un dossier très complet.*

Les pièces justificatives * que vous aurez à fournir sont les suivantes :

– procès-verbal * de gendarmerie ou de police, constat amiable *, ou tout autre document susceptible d'établir la responsabilité de l'auteur du dommage.

– éventuellement certificats médicaux décrivant la nature et l'importance de vos blessures...

– votre immatriculation à la Sécurité sociale,

– bulletins de salaire ou tout autre justificatif * de votre perte de revenus...

– factures ou pièces justificatives * des sommes que vous avez dépensées à la suite du dommage.

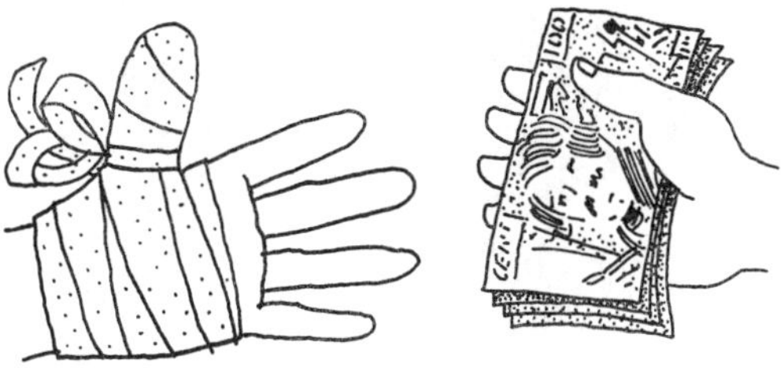

L'indemnisation par l'État des victimes de dommages * corporels

TROISIÈME PARTIE

La loi permet, dans certains cas, à ceux ou celles qui ont été victimes de dommages * corporels à la suite d'une infraction * de percevoir une indemnisation par l'Etat.

Dans quels cas pouvez-vous bénéficier de la loi ?

Vous pouvez prétendre à une indemnisation par l'Etat :

• *Si vous avez été personnellement blessé,* à la suite d'une agression ou d'un accident, et que vos blessures aient entraîné une incapacité de travail de plus d'un mois ;

– ou *si vous êtes à la charge de la victime décédée* des suites de l'infraction * (enfant, veuf ou veuve).

• *Et que vous n'avez pu être indemnisé parce que :*

– l'auteur de vos blessures est inconnu ou insolvable ;

– vos assurances personnelles, la Sécurité sociale, le régime des accidents du travail ou le fonds de garantie automobile (voir p. 285) ne vous dédommagerait pas.

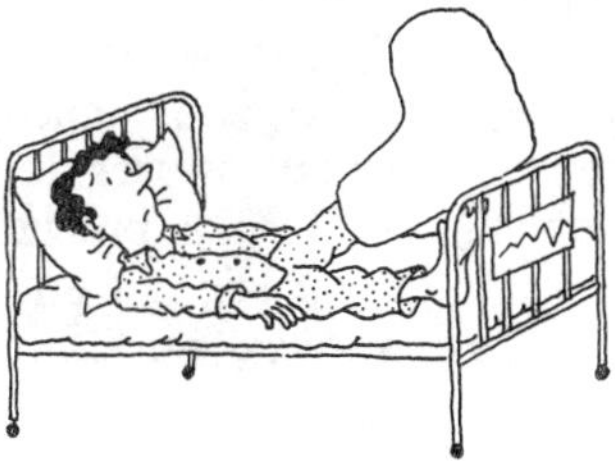

• *Si l'indemnité perçue est insuffisante parce que :*

– les conséquences de l'infraction vous placent dans une situation matérielle grave, votre fortune ou vos revenus après l'infraction * ne vous permettant pas de continuer à subvenir normalement à vos besoins et à ceux des personnes à votre charge.

***Si vous n'avez pas été indemnisé** ou pas complètement, vérifiez que les conditions pour bénéficier d'une indemnisation par l'Etat sont bien réunies. Votre indemnité * ne pourra pas dépasser 210 000 F.*

Comment pouvez-vous être indemnisé ?

Dans chaque cour d'appel * de la métropole et des départements d'outre-mer a été créée une commission, composée de trois magistrats, chargée d'étudier votre demande d'indemnité * et de décider de la suite qui y sera donnée :

La commission d'indemnisation des victimes d'infractions.

Votre demande d'indemnité * peut à votre choix être présentée :

– à la commission fonctionnant auprès de la cour d'appel * dont dépend votre domicile (lieu où vous demeurez habituellement) ;

– ou à la commission fonctionnant auprès de la cour d'appel * dont dépend le tribunal pénal * saisi de l'infraction * dont vous avez été victime. Si vous ignorez de quelle cour d'appel * il s'agit, renseignez-vous auprès de votre mairie ou du greffe * du tribunal d'instance * le plus proche de votre domicile ;

– ou à la commission déjà saisie par une autre victime de la même infraction * si vous avez eu connaissance de cette demande.

Renseignez-vous auprès de votre mairie pour savoir où vous adresser pour déposer votre demande d'indemnisation.

Si vous n'habitez ni en France métropolitaine, ni dans les départements d'outre-mer, vous devez vous adresser à la commission instituée auprès de la cour d'appel * du lieu de l'infraction *.

Si aucun tribunal de France métropolitaine ou de départements d'outre-mer n'est saisi, vous devez vous adresser à la commission instituée auprès de la cour d'appel * de Paris (il en sera ainsi, par exemple, si l'infraction * a été commise à l'étranger, ou bien dans un territoire d'outre-mer).

Comment constituer votre dossier pour la commission d'indemnisation des victimes d'infractions ?

Votre demande d'indemnité * doit être faite par lettre que vous envoyez avec accusé de réception à :

– M. le secrétaire de la commission d'indemnisation des victimes d'infraction *, cour d'appel * de (vous indiquerez ici l'adresse de la cour d'appel compétente).

*Votre demande d'indemnité * aura d'autant plus de chance d'être rapidement prise en considération que votre dossier sera* ***complet*** *: vérifiez-le point par point.*

Indiquez :	***Pièces à joindre :***
• vos nom, prénoms, date et lieu de naissance, profession, nationalité, domicile (adresse où l'on peut vous joindre avec certitude, notamment pour les notifications * et convocations qui devront vous être adressées)	

Indiquez :	***Pièces à joindre :***
• la date, le lieu et les circonstances de l'infraction *	
• la nature de vos blessures et l'incapacité qui en est résultée	→ *photocopie de vos certificats médicaux, des expertises médicales*
• le tribunal éventuellement saisi de l'infraction * : tribunal correctionnel *, cour d'appel *, cour d'assises *	
• les liens que vous avez avec la personne qui a été tuée (si vous n'êtes pas vous-même la personne blessée lors de l'infraction)	→ *acte de naissance, acte d'état civil, photocopie du livret de famille, extrait d'acte de mariage, etc.*
• la perte ou la diminution de vos revenus, ou l'augmentation de vos charges, ou encore votre inaptitude à exercer désormais une activité professionnelle	→ *certificats médicaux, expertises médicales, fiches de paie, déclaration de revenus, justificatif des frais et charges complémentaires, etc.*
• les organismes publics ou privés dont vous relevez ou auprès desquels vous êtes assuré et qui sont susceptibles de vous dédommager	→ *indiquez le numéro de Sécurité sociale, caisse d'affiliation, compagnie d'assurances, etc.*
• les raisons pour lesquelles ces organismes ou d'autres ou encore l'auteur de l'infraction * ne peuvent pas vous dédommager	→ *correspondances qui vous ont été adressées par ces organismes, dans lesquelles ces derniers vous précisent les raisons de leur refus d'indemnisation*

• l'insolvabilité de votre agresseur, ou le fait qu'il n'a pas pu être identifié	
• toutes les demandes en réparation que vous avez faites (par exemple : demande de rente pour un accident du travail, procès engagé contre l'auteur de l'infraction *, demande à votre assurance...)	→ *photocopie de vos correspondances concernant ces démarches ou encore des actes de justice* * *: photocopie d'assignation* *, *jugement, etc.*
• tout ce qui vous a déjà été attribué en raison de votre préjudice * (assurance, secours, versement de la Sécurité sociale, du régime accident du travail, etc.)	→ *photocopie de toutes correspondances, de documents correspondant aux versements qui vous ont été adressés par ces organismes, etc.*
• le montant de l'indemnité * que vous réclamez	

attention ! Vous devez également joindre la copie de votre dernière déclaration de revenus ainsi que l'état de toutes vos ressources, notamment la liste des biens immobiliers dont vous seriez propriétaire.

Ce dossier, si vous le désirez, pourra être constitué par un avocat * qui présentera la demande d'indemnité * à votre place.

Si vos ressources sont insuffisantes, vous pouvez prétendre à l'aide judiciaire (voir le chapitre « L'aide judiciaire », p. 275).

De quels délais disposez-vous pour présenter votre demande à la commission ?

Si vous réunissez les conditions prévues, **vous devez demander une indemnisation à la commission dans l'année de l'infraction ***.

> ***Attention !** Ne laissez pas passer les délais pour faire votre demande d'indemnisation.*

Toutefois, ce délai d'une année est prolongé si un procès pénal a été engagé. Il expire alors, un an après qu'une décision définitive sur l'action publique * ou sur l'action civile * a été prononcée :

- par le tribunal correctionnel *
- ou par la cour d'appel *
- ou par la cour d'assises *

– date de l'infraction * – ou date de la condamnation devant le tribunal correctionnel * (s'il n'y a pas eu d'appel) – ou date de la condamnation en appel (s'il n'y a pas pourvoi en cassation *) – ou date de la condamnation en cour d'assises * (s'il n'y a pas pourvoi en cassation *)	Plus 1 an
– ou date de l'arrêt * de la cour de cassation (s'il s'agit d'un rejet du pourvoi *) – ou date de la décision intervenant sur l'action civile * engagée devant la juridiction pénale *	Plus 1 an

Comment se déroule la procédure devant la commission ?

Dès que la commission est saisie de votre demande, elle désigne l'un de ses membres, un magistrat *, pour instruire * votre dossier, ce magistrat s'appelle « rapporteur » :
- il vérifie vos déclarations ainsi que les pièces que vous avez fournies ;
- il peut vous demander également de compléter votre dossier en lui adressant les documents qu'il jugera nécessaires,
- il peut aussi souhaiter vous entendre,
- ou vous inviter à passer une expertise médicale.

Fournissez à la commission des renseignements aussi ***exacts et complets*** *que possible.*

Afin de ne pas perdre de temps, répondez toujours de manière très ponctuelle aux convocations qui vous seront adressées par la commission ou par le magistrat * rapporteur * ou par les médecins experts, etc. Le secrétaire de la commission vous informera d'ailleurs de la date et du lieu de toutes les audiences * de cette commission.

Vous devez, dans votre intérêt, ***assister à toutes les audiences**** *auxquelles vous serez convoqué ou vous y faire représenter par votre avocat *.*

Dès le dépôt de votre dossier à la commission, une provision *, c'est-à-dire une avance sur les sommes que vous demandez, peut vous être accordée dans un délai de 2 mois et cela en fonction des éléments de votre demande et de votre situation matérielle.

---

*Si elle vous a été accordée, réclamez votre provision * ou votre indemnité * en vous adressant au comptable du Trésor de la cour d'appel *.*

Si une provision * ou une indemnité * vous est accordée, le Président de la commission établira un ordre de paiement à votre profit et le comptable du Trésor de la cour d'appel * vous payera la somme qui vous a été accordée.

Il peut arriver que vous engagiez un procès contre votre agresseur et que celui-ci ne soit découvert qu'après que vous ayez demandé et obtenu une indemnité * de la commission, dans ce cas vous devez **obligatoirement** déclarer au tribunal concerné, que vous avez déjà obtenu une indemnité *.

Indemnisation par l'État des victimes de vol, d'escroquerie ou d'abus de confiance

Dans quel cas pouvez-vous être indemnisé ?

Vous pourrez bénéficier de cette indemnisation * sous les trois conditions suivantes :

1°) Il faut que vous n'ayez pas la possibilité d'être normalement indemnisé par ailleurs ;

2°) Il faut qu'en raison du préjudice * résultant de l'infraction *, vous soyez placé dans une situation matérielle grave ;

3°) Il faut que vos revenus mensuels soient inférieurs au plafond prévu pour obtenir l'aide judiciaire totale, soit actuellement 2 800 F. L'indemnité * qui pourra être versée est limitée au triple de ce plafond.

La procédure et les délais pour agir sont les mêmes que pour une agression ou un accident.

Vous pouvez être indemnisé pour une somme maximum égale à trois fois le montant de l'aide judiciaire. Pour obtenir cette indemnisation adressez-vous à la commission d'indemnisation des victimes d'infractions (voir page 285).*

Comment faire payer des dommages-intérêts * par un détenu

TROISIÈME PARTIE

Vous avez été victime d'une infraction * pénale. Le tribunal a condamné les auteurs de cette infraction * à une peine d'emprisonnement ferme et vous a accordé un certain montant de dommages-intérêts * en votre qualité de **partie civile** *. Bien que le responsable soit en détention, vous pouvez obtenir le paiement des sommes qui ne vous ont pas été versées ou l'ont été incomplètement à l'issue du procès.

Le compte du détenu

Tout prisonnier au moment de son entrée en prison se voit ouvrir un compte sur lequel figurent les sommes d'argent qu'il détenait à son arrivée et le cas échéant les revenus de son travail (son salaire).

Sachez de quoi dispose le prisonnier.

L'ensemble de ces sommes constitue le *compte nominatif* lui-même divisé en deux parts :

1°) **la part disponible** dont le détenu peut librement disposer. Elle est égale à 50 % de son salaire net ;

2°) **la masse de réserve** divisée elle-même en trois parts :
– 30 % du salaire au maximum est réservé à la prison pour *l'entretien du détenu,*
– 10 % du salaire constituant le *pécule de libération* est réservé pour la libération du prisonnier,
– 10 % du salaire constituant ***la provision pour partie civile**** est réservé pour votre indemnisation.

Le détenu peut en outre recevoir de l'argent de l'extérieur (mandats par exemple) qui alimente sa part disponible jusqu'à concurrence de 700 F par mois.

Au-delà de 700 F les sommes sont versées à la masse de réserve et soumises aux prélèvements indiqués ci-dessus.

LE COMPTE NOMINATIF DU DÉTENU
(salaire, mandats, etc.)

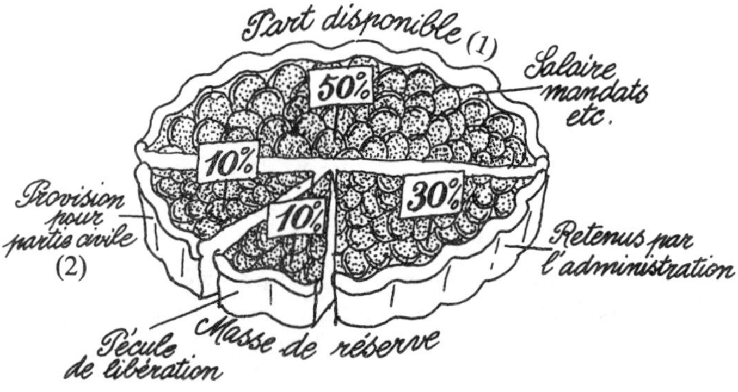

Le prélèvement d'office porte sur la provision (1).
La saisie-arrêt porte sur la part disponible (2)

Comment pouvez-vous obtenir vos dommages-intérêts ? *

Pour être indemnisé vous aurez le choix entre deux procédures :

LE PRÉLÈVEMENT DIRECT ***(ou prélèvement d'office)***

Il vous permet d'obtenir directement la « provision pour partie civile » * (les 10 % du salaire).

Pour bénéficier du prélèvement direct vous devez distinguer deux cas :

a) **si la condamnation a été prononcée avant le 1er avril 1982** et qu'elle vous accorde des dommages-intérêts *, faites la demande auprès du procureur de la République * ou du procureur général * du tribunal qui l'a prononcée.

b) **si la condamnation a été prononcée après le 1er avril 1982,** le prélèvement sera fait automatiquement par le chef d'établissement et vous sera adressé directement. Désormais en effet, ce sont les magistrats * qui doivent signaler à la prison l'existence de dommages-intérêts qui vous sont dûs.

LA SAISIE-ARRÊT

Si le prélèvement direct n'a pas suffi pour régler votre créance *, vous pouvez recourir à la saisie-arrêt pour obtenir les sommes figurant sur la « part disponible » du prisonnier.

Vous avez trois possibilités de saisie * :

a) **la saisie-arrêt sur le compte du détenu** pour laquelle il faut *impérativement vous adresser à un huissier* * (dépendant du tribunal d'instance * proche de la prison).

C'est la saisie-arrêt de droit commun qui vous permet de récupérer les 50 % de la « masse disponible » * constituée par les salaires, les sommes dont le détenu disposait à son entrée en prison et celles qui lui auraient été versées de l'extérieur pendant sa détention.

b) **la saisie-arrêt sur les seuls salaires du détenu** pour laquelle il vous suffit d'envoyer une lettre (et la copie de la condamnation) au président du tribunal d'instance * dont relève la prison. Cette saisie * ne portera que sur les salaires, c'est-à-dire sur la part disponible au sens strict.

---

*Pour obtenir le paiement de vos dommages-intérêts * vous pouvez procéder :*
*– au **prélèvement direct** ou **à la saisie-arrêt sur le compte du détenu***
***Avantage :** Vous faites porter la saisie * sur des sommes plus larges*
***Inconvénient :** La procédure est longue et coûteuse*
*– ou **à la saisie-arrêt sur les salaires du détenu***
***Avantage :** Procédure simple, rapide et peu coûteuse.*
***Inconvénient :** Elle ne porte que sur 50 % du salaire.*

---

c) Si le prélèvement et la saisie * ne vous ont pas permis d'obtenir une complète indemnisation, vous pouvez utiliser les **saisies traditionnelles sur les biens** (meubles et immeubles) que le prisonnier posséderait à l'extérieur.

Conseils pratiques

• Vous pouvez vous informer du lieu de détention d'un condamné auprès du procureur de la République * ou du procureur général * en rappelant la décision judiciaire qui a précédé la condamnation.

En vous adressant au greffe * du tribunal correctionnel * ou de la cour d'appel * ou de la cour d'assises *, vous pouvez obtenir copie du jugement ou de l'arrêt * de condamnation.

• Si malgré toutes ces procédures * vous n'avez pas obtenu satisfaction, adressez-vous au procureur de la République * du tribunal dont dépend l'établissement pénitentiaire.

L'arrangement amiable

TROISIÈME PARTIE

Vous pouvez tenter de trouver une solution amiable en vue de l'indemnisation * du préjudice * que vous avez subi.

On dit qu' « un mauvais arrangement vaut parfois mieux qu'un bon procès ».

Toutefois, « les paroles s'envolent et les écrits restent ».

Il faut donc que votre accord fasse l'objet d'un écrit, c'est le but de la **transaction** *.

Qu'est-ce que la transaction ?

La transaction est un contrat * par lequel deux ou plusieurs personnes terminent une contestation existant entre elles.

Ainsi la transaction peut être utile pour éviter un procès et parvenir à un règlement rapide du litige *, moyennant quelques concessions de part et d'autre.

Pourquoi transiger ?

Le procès n'est pas toujours une solution idéale dans la mesure où il peut être coûteux et long, en particulier lorsqu'il nécessite le recours à une expertise.

Par ailleurs, son résultat favorable n'est jamais certain, et si un jugement vous accorde l'indemnisation * demandée, vous n'êtes pas sûr de pouvoir obtenir de l'auteur du dommage * qu'il vous verse les sommes auxquelles il a été condamné.

Mieux vaut donc parfois tenir que courir ! et accepter le versement spontané d'une somme d'argent, même si elle vous apparaît un peu inférieure à ce que vous espériez pouvoir obtenir d'un procès.

Comment transiger ?

• Pour être sûr de ne pas être lésé dans vos droits, **il est indispensable que vous ayez une complète connaissance de toutes les sommes auxquelles vous pourriez prétendre,** car après la signature d'une transaction *, vous ne pourrez plus intenter un procès.

En cas d'accident par exemple, il faut prêter la plus vigilante attention aux clauses * contenues dans le projet de transaction * qui vous sera présenté par la compagnie d'assurances du responsable de cet accident : si l'on peut en effet admettre que la somme qui vous sera proposée répare le préjudice * prévisible au moment de la signature de l'accord, il n'est pas acceptable en revanche, qu'elle compense également l'indemnisation * du dommage * qui résulterait pour vous d'une lésion qui ne s'est pas révélée au jour où vous signez cet accord.

Aussi devez-vous être mis en garde sur la gravité des clauses * prévoyant que la somme qui vous sera remise revêt un caractère « forfaitaire » couvrant tout aussi bien l'indemnisation du préjudice * actuel que celle du préjudice * qui pourrait se révéler par la suite.

***Attention,** ne signez aucune transaction * sans avoir préalablement demandé conseil à un avocat *, un conseil juridique, un notaire *, etc.*

Il peut être utile, avant de signer, de solliciter les conseils d'un professionnel (avocat *, conseil juridique, notaire *, etc.) pour bien peser s'il est de votre intérêt d'accepter la transaction *.

• Comme tout contrat *, **la transaction * doit respecter certaines formes** que votre conseil vérifiera et qui sont indiquées dans le modèle ci-après qui devra être adapté aux circonstances.

La transaction * est interdite dans certains domaines, notamment dans tout ce qui touche à l'état civil des personnes (nom, filiation * etc.). Elle est très utilisée en matière d'indemnisation * du préjudice * résultant d'un accident, que celui-ci ait ou non pour origine une infraction pénale *.

Vous pouvez transiger bien entendu avant d'engager un procès, mais également pendant et même après.

Modèle de transaction

TRANSACTION
ENTRE LES SOUSSIGNÉS

M. ________ Né(e) le ____________________
Profession ____________________________
Demeurant ____________________________

D'UNE PART

et
M. ________ Né(e) le ____________________
Profession ____________________________
Demeurant ____________________________

D'AUTRE PART

il a été rappelé ce qui suit ________________
(Vous rappellerez ici, en quelques lignes, mais de façon détaillée, la nature et éventuellement les conséquences de la contestation qui vous opposait à votre ou vos adversaires, ainsi que les concessions mutuelles).*

Ceci rappelé, les parties se sont rapprochées et sont convenues de ce qui suit :

Article 1er : les parties* mettent fin au différend ci-dessus exposé dans les conditions prévues ci-après.
Article 2 : M. ________ verse à M. ________ qui accepte une indemnité* transactionnelle d'un montant de ________ *(éventuellement en plusieurs acomptes).*
Article 3 : *(Eventuellement, précisez les autres conditions de la transaction*).*
Article 4 : Contre l'exécution aux dates prévues ci-dessus de leurs engagements, les parties mettent fin, par la présente transaction, à leur différend dans les termes des articles 2044 et suivants du Code civil et renoncent à toute instance et à toute action de quelque nature et pour quelque cause que ce soit à raison de ce différend.

Fait à ____________ le ____________

Signature

Faire précéder chacune des signatures de la mention manuscrite : « bon pour transaction. »

N'oubliez pas de parapher (apposer vos initiales) en bas de chacune des pages et en marge de chacune des modifications de dernière minute qui pourront être apportées à la transaction.

Précisez, à la fin du texte de la transaction, si, à la dernière minute, des mots, phrases ou paragraphes ont été supprimés :

« X mots (ou phrases, paragraphes) annulés ». N'omettez pas d'apposer votre paraphe en marge de cette mention et de vérifier si vos adversaires ont bien inscrit les leurs.

L'aide judiciaire

TROISIÈME PARTIE

Vous voulez recourir à la justice, mais vous hésitez, car un procès coûte cher. Si vos ressources sont modestes, vous pouvez obtenir une aide judiciaire, c'est-à-dire la prise en charge par l'Etat de tout ou partie de vos frais de justice.

Seuls les Français et les étrangers résidant habituellement en France peuvent y prétendre.

Avez-vous droit à l'aide judiciaire ?

Vous pouvez bénéficier de l'aide judiciaire selon vos revenus :

• *L'AIDE JUDICIAIRE TOTALE*

Vous y avez droit si la moyenne mensuelle de vos revenus (y compris ceux de votre conjoint) perçue entre le 1er janvier et le 31 décembre de l'année précédente ne dépasse pas 2800 F (sans tenir compte des prestations familiales).

• *L'AIDE JUDICIAIRE PARTIELLE*

Vous y avez droit si la moyenne mensuelle de vos ressources (sans tenir compte des prestations familiales) est inférieure à :

– 4650 F pour les actions en justice qui exigent la présence d'un avocat * (ex. : divorce).

– 3725 F si l'intervention d'un avocat * n'est pas obligatoire (ex. : loyers).

Les plafonds de ressources ci-dessus sont majorés de 320 F par personne à charge ♦.

TABLEAU DU PLAFOND DES RESSOURCES

Personnes à charge	*Aide judiciaire totale*	*Aide judiciaire partielle*	
		sans avocat	*avec avocat*
0	2 800	3 725	4 650
1	3 120	4 045	4 970
2	3 440	4 365	5 290
3	3 760	4 685	5 610
4	4 080	5 005	5 930
5	4 400	5 325	6 250

♦ Par personne à charge, il faut entendre :
– descendant de moins de 18 ans ou moins de 25 ans s'il poursuit des études ou quel que soit son âge s'il est infirme ou handicapé ;
– conjoint sans ressources personnelles ;
– ascendant à charge dont les ressources sont inférieures au minimum des ressources assurées aux personnes âgées (minimum vieillesse).

Comment formuler votre demande d'aide judiciaire ?

Adressez-vous au procureur de la République* près le tribunal de grande instance* dont dépend votre domicile. Il vous remettra un **imprimé de demande** auquel vous joindrez une déclaration de revenus. Les personnes bénéficiant du fonds national de solidarité sont de plein droit admises au bénéfice de l'aide judiciaire.

En cas d'urgence, par exemple, si vous êtes convoqué devant le tribunal pour une date proche, vous pouvez solliciter **une admission provisoire à l'aide judiciaire.**

Après le dépôt de votre dossier, le bureau d'aide judiciaire vous fera *personnellement* connaître sa décision après vous avoir éventuellement entendu.

Ce que vous apportera l'aide judiciaire

• *AU MOMENT DU PROCÈS*

Droit à l'assistance d'un avocat * et à celle de tous les auxiliaires de justice * nécessaires (par exemple huissiers *) qui seront désignés pour défendre vos intérêts.

Si un avocat * s'est occupé de votre affaire, avant que l'aide vous soit accordée, vous pouvez demander qu'il continue à vous assister.

En cas d'aide totale, vous n'aurez aucun frais de justice à payer. C'est l'Etat qui verse alors une indemnité à l'avocat * ou aux auxiliaires de justice *.

En cas d'aide partielle, seul sera à votre charge le paiement à l'avocat * d'une contribution fixée par le bureau d'aide judiciaire en proportion de vos ressources.

• *APRÈS LE PROCÈS*

Si vous perdez le procès et êtes condamné aux dépens * (c'est-à-dire à payer les frais du procès), vous serez tenu de rembourser à votre adversaire les frais déboursés par celui-ci.

Si vous gagnez le procès, votre avocat peut, avec l'autorisation du bâtonnier, vous réclamer des honoraires lorsque le montant de la condamnation prononcée à votre profit vous a procuré des ressources telles que, si elles avaient existé au jour de la demande d'aide judiciaire, celle-ci ne vous aurait pas été accordée, même partiellement.

Que vous ayez gagné ou perdu le procès, vous devez payer au Trésor les taxes et droits fiscaux pour les actes * et les titres * que vous avez fait établir pendant le procès, à moins qu'ils n'aient été perçus au moment de l'établissement de l'acte ou du titre.

Annexes

QUATRIÈME PARTIE

Les adresses utiles

Voici une liste d'organismes auprès desquels vous pouvez obtenir directement des renseignements. Vous pouvez aussi demander qu'il vous en soit indiqué d'autres plus proches de votre domicile, auxquels vous pourrez alors vous adresser plus commodément.

ASSURANCES

Centre de Documentation et d'Information de l'Assurance (C.D.I.A.),
2, rue de la Chaussée d'Antin,
75009 Paris. Tél. : (1) 770.89.39 ou (1) 824.96.12.

AVOCATS

Demandez la liste des avocats au Conseil de l'Ordre de chaque barreau. Pour cela, adressez-vous au greffe du Tribunal de grande Instance dont vous dépendez.

Avocats au Conseil d'Etat et à la Cour de Cassation,
Conseil de l'Ordre,
Palais de Justice,
5, quai de l'Horloge,
75001 Paris. Tél. : (1) 329.36.80.

AVOUÉS

Chambre Nationale des Avoués près les cours d'appel,
Palais de Justice,
2–4, boulevard du Palais,
75001 Paris. Tél. : (1) 354.18.44.

BUREAU CENTRAL FRANÇAIS DES SOCIÉTÉS D'ASSURANCES

118, rue de Tocqueville,
75017 Paris. Tél. : (1) 766.52.64.

ENTRAIDE JUDICIAIRE INTERNATIONALE DU MINISTÈRE DE LA JUSTICE

13, Place Vendôme,
75042 Paris Cedex 01. Tél. : (1) 261.80.22 poste : 4406.

EXPERTS

Fédération nationale des compagnies d'experts près les cours d'appel,
10, rue du Débarcadère,
75017 Paris. Tél. : (1) 574.99.42 poste 2067.

FONDS DE GARANTIE AUTOMOBILE

64, rue de France
94307 Vincennes. Tél. : (1) 374.11.90.

HUISSIERS

Chambre Nationale des Huissiers de Justice,
44, rue de Douai,
75009 Paris. Tél. : (1) 874.86.91–874.86.92.

INDEMNISATION PAR L'ÉTAT

Commission régionale d'indemnisation des victimes de dommages corporels résultant d'infractions ;
Adressez-vous dans chaque cour d'appel dont vous dépendez.

Agen - 47
Aix-en-Provence - 13
Amiens - 80
Angers - 49
Basse-Terre - 971
Bastia - 20
Besançon - 25
Bordeaux - 33
Bourges - 18
Caen - 14
Chambéry - 73
Colmar - 68
Dijon - 21
Douai - 59
Fort-de-France - 972
Grenoble - 38
Limoges - 87
Lyon - 69
Metz - 57
Montpellier - 34
Nancy - 54
Nîmes - 30
Orléans - 45
Papeete (Polynésie Française)
Paris - 75
Pau - 64
Poitiers - 86
Reims - 51
Rennes - 35
Riom - 63
Rouen - 76
Saint-Denis de la Réunion - 974
Saint-Pierre et Miquelon - 975
Toulouse - 31
Versailles - 78

INSTITUT NATIONAL DE LA CONSOMMATION

80, rue Lecourbe,
75015 Paris. Tél. : (1) 567.35.58.

NOTAIRES

Conseil Supérieur du Notariat,
31, rue Général Foy,
75008 Paris. Tél. : (1) 292.06.45.

PENSION ALIMENTAIRE

Bureau de l'entraide judiciaire internationale,
Ministère de la Justice,
13, Place Vendôme,
75042 Paris Cedex 01. Tél. : (1) 261.80.22 poste 4406.

Service de recouvrement des aliments au ministère des Relations extérieures,
21 *bis,* rue La Pérouse,
75116 Paris. Tél. : (1) 502.14.23.

SERVICE DE RECOUVREMENT DES ALIMENTS DU MINISTÈRE DES RELATIONS EXTÉRIEURES

21 *bis,* rue La Pérouse,
75116 Paris. Tél. : (1) 502.14.23 poste : 5061.

TRIBUNAUX

Vous trouverez les adresses et numéros de téléphone des tribunaux d'instance et de grande instance et des conseils de prud'hommes dans les pages roses des annuaires téléphoniques.

Lexique

AVERTISSEMENT

Vous allez prendre connaissance de ce lexique qui a été volontairement écrit dans un langage usuel.

Il a pour objet de fournir une explication des termes signalés par un astérisque (*) dans le corps des différents chapitres de ce guide.

Il ne s'agit pas de donner toutes les significations possibles pour chacun de ces mots mais de mieux faire comprendre leur sens là où ils se trouvent dans le contexte de chaque chapitre.

Certaines définitions contiennent des mots faisant eux-mêmes l'objet d'une explication. Ils sont alors signalés par un astérisque (*) et doivent être recherchés dans le lexique à leur place alphabétique.

A

Abusif : Si vous vous comportez ou si vous agissez au-delà de ce que vous avez normalement le droit de faire, l'on dit que vous avez un comportement abusif.

Acte ou acte juridique : Ecrit constatant un fait (par exemple : acte d'état civil) ou la volonté d'une seule personne (par exemple : testament) ou de plusieurs personnes (par exemple : contrat).

Acte authentique : Acte établi par un notaire et signé devant lui.

Action civile : Dans le cadre d'un procès pénal *, action de la victime de l'infraction * en vue d'obtenir réparation * de son préjudice *. Pour obtenir réparation du préjudice qui vous est causé par une infraction, dans le cadre du procès pénal, votre action, à vous victime, s'appelle ***action civile.***

Action publique : Action exercée par le parquet pour sanctionner les atteintes à l'ordre public (contraventions, délits, crimes).

Adjudicataire : Personne ayant fait la meilleure offre pendant la vente publique aux enchères * et qui devient alors propriétaire des biens mis en vente.

Adjudication : Vente publique aux enchères * à celui qui offre le meilleur prix. Lorsque des biens saisis * sont vendus par adjudication, le commissaire-priseur * arrête l'enchère en prononçant le mot « adjugé ».

Allégation : Affirmation par une partie d'un fait devant un tribunal destinée à justifier sa demande.

Arrérages (ou arriéré) : Montant de la ou des pensions alimentaires qui vous sont dues et qui n'ont pas été payées.

Assignation : Document dans lequel vous est demandé de vous présenter devant le tribunal et qui vous indique les raisons de cette convocation.

Attestation : Document écrit confirmant la réalité d'un fait.

Audience : Séance du tribunal * au cours de laquelle les juges interrogent les parties, entendent les plaidoiries et prononcent les jugements.

Audience éventuelle : En matière de saisie, audience qui n'aura lieu que si des créanciers * sont en désaccord sur les conditions de mise en vente de l'immeuble faisant l'objet de la saisie.

Autopsie : Voir « dissection ».

Autorité parentale : Ensemble des droits et obligations des parents sur leurs enfants mineurs et les biens de ces derniers.

Auxiliaire de justice : Personne qui participe au fonctionnement de la justice. Exemple : avocat *, huissier *, avoué *, expert, etc.

Avocat : Auxiliaire de justice * qui donne des consultations, essaie de concilier et plaide des causes devant toutes les juridictions * sauf devant la cour d'appel.

Avoué : Officier ministériel * qui est le seul à pouvoir représenter des parties en matière civile devant la cour d'appel *.

B

Bénévole : Fait d'accomplir gratuitement une action pour autrui.

Biens mobiliers : Objets mobiles que l'on peut déplacer (table, automobile, animaux, bateaux, actions ou obligations de société, etc.) par opposition aux ***biens immobiliers*** qui ne peuvent être déplacés (terrain, par exemple) ou qui font partie intégrante d'un immeuble (cheminée, par exemple).

Billet à ordre : Document écrit par lequel une personne s'oblige à payer, sur présentation du billet, à l'échéance * prévue, une certaine somme à son créancier *. Ce mode de paiement est généralement utilisé entre commerçants.

C

Cahier des charges : Document donnant la liste des obligations et droits à respecter en matière de saisie pour la vente d'un immeuble.
Carence : Situation d'une personne qui ne remplit pas ses obligations ; par exemple : un débiteur qui ne paie pas sa dette à la date prévue.
Cas fortuit : Evénement imprévu.
Certifié : Se dit d'un document dont le contenu ne peut pas être mis en doute ; par exemple : garantir qu'une copie est conforme à l'original. On dit alors qu'elle est « certifiée conforme ».
Chambre : Différentes sections d'un tribunal ou d'une cour formées d'un groupe de magistrats. Un tribunal est souvent formé de plusieurs chambres.
Chambre d'accusation : Chambre de la cour d'appel * chargée de contrôler les décisions du juge d'instruction *. Elle examine obligatoirement les affaires qui seront jugées par la cour d'assises.
Charges : Preuves de culpabilité.
Citation directe : Acte * par lequel le procureur de la République * ou la partie civile * « saisit » * le tribunal correctionnel * ou le tribunal de police *.
Citation en justice : Désigne en général tout acte * adressé à un tribunal pour lui demander de juger un différend.
Citer : Faire convoquer quelqu'un pour se présenter devant le tribunal.
Civilement responsable : Cette expression est couramment utilisée pour indiquer qu'une personne doit réparer un dommage causé par une autre personne, par exemple, au regard de la loi, les parents sont civilement responsables de leurs enfants.
Classer : Pouvoir qu'a le procureur de la République * de ne pas renvoyer devant le tribunal une affaire pénale pour être jugée, soit en raison de la faible gravité de l'infraction * soit parce qu'il a un doute sérieux sur l'identité du coupable ou la réalité de l'infraction *.
Clause : Disposition particulière d'un acte * juridique qui en comporte généralement plusieurs, l'ensemble de celles-ci formant l'acte * ; par exemple : dans un contrat * de vente, clause * fixant la date de livraison ou le mode de paiement.
Code pénal : Recueil des lois qui définissent les infractions * et précisent les peines qui les sanctionnent.
Code de procédure pénale : Recueil des règles à respecter pendant le déroulement du procès pénal *.
Coefficient de vétusté : Pourcentage qui varie selon le vieillissement et l'usure d'un objet et qui permet de calculer sa valeur en tenant compte de ces facteurs.

Commandement : Ecrit établi par un huissier* ordonnant à une personne d'exécuter ce à quoi elle s'est engagée.
Commissaire-priseur : Officier ministériel* chargé d'estimer la valeur d'objets mobiliers* et de les vendre aux enchères*.
Confrontation : S'emploie lorsqu'un juge met en présence des personnes qui soutiennent des points de vue opposés et les fait s'expliquer sur les raisons de leur opposition.
Conseil de famille : Réunion de parents ou d'amis proches pour s'occuper des intérêts de mineurs ou de majeurs malades mentaux et présidée par le juge des tutelles*.
Conservateur des hypothèques : Fonctionnaire chargé (dans chaque chef-lieu d'arrondissement) d'accomplir toutes les formalités concernant les droits portant sur les immeubles : hypothèques*, mutation*, etc. C'est donc lui qui enregistre et publie les hypothèques*. Le service s'appelle « conservation des hypothèques ».
Consigner : Déposer entre les mains d'un organisme public, d'un auxiliaire de justice* ou d'un tiers* quelconque, une somme ou un objet en attendant que le litige porté devant la juridiction* soit tranché.
Consolider : Pour une blessure, il s'agit du moment où elle ne peut plus évoluer et où il est possible d'évaluer l'incapacité* qui en résulte.
Constat : Ecrit dans lequel un agent de la force publique (policier ou gendarme) ou un huissier*décrit les lieux et les circonstances dans lesquelles s'est produit un événement (exemple : accident, dommage* aux biens, etc.).
Constitution : Dans le langage des tribunaux, c'est l'acte* par lequel certaines décisions juridiques sont officiellement annoncées ; c'est par exemple, la « constitution de partie civile » par laquelle une victime annonce au tribunal et au responsable du dommage* qu'elle va demander réparation* ou encore la « constitution d'avocat » par laquelle une partie* annonce qu'elle a désigné tel avocat* pour l'assister et le représenter dans son procès.
Se constituer : C'est décider de faire une constitution (de partie civile, ou d'avocat par exemple) devant une juridiction*.
Consultation : Entrevue au cours de laquelle vous pouvez demander à un avocat* ou à un conseil juridique, un examen et des conseils sur le problème qui vous préoccupe.
Contrat : Convention* (écrite ou verbale) par laquelle une ou plusieurs personnes s'obligent envers une ou plusieurs autres à faire ou à ne pas faire quelque chose.
Contravention : Infraction* punie par des peines de police prononcées en général par le tribunal de police*.
Convention : contrat*.
Cour d'appel : Juridiction* chargée de juger une seconde fois les décisions des tribunaux d'instance* et de police*, des tribunaux de grande instance* et correctionnels*, des tribunaux de

commerce, conseils de prud'hommes, etc., si ces décisions n'ont pas satisfait l'une ou l'autre des parties *.

Cour d'assises : Juridiction * chargée de juger les crimes * ; il en existe une par département.

Cour de cassation : Juridiction * suprême dont le rôle n'est pas de juger les faits mais de veiller au respect de l'exacte application des lois.

Créance : Droit en vertu duquel une personne peut exiger quelque chose de quelqu'un (en général, le paiement d'une somme d'argent). Le mot désigne souvent la somme due elle-même.

Créancier : Celui à qui on doit quelque chose.

Créancier hypothécaire : Créancier * qui bénéficie d'une hypothèque *. Il pourra faire vendre l'immeuble hypothéqué du débiteur * si celui-ci ne rembourse pas sa dette.

Crime : Infraction * jugée par les cours d'assises *. C'est la plus grave des infractions * après le délit * et la contravention *.

D

Date certaine : Date d'un événement ou d'un acte * qui ne peut être contestée.

Débiteur : Celui qui doit quelque chose à quelqu'un, généralement une somme d'argent.

Décharge : Le fait de se libérer d'une obligation (payer sa dette par exemple) et par extension le document sur lequel est inscrit cette libération.

Décision de justice : Toute décision prononcée par une juridiction *.

Défaut : Situation d'une personne, partie * à un procès, qui est absente le jour où son affaire est examinée par le tribunal. Devant la *justice civile* * un jugement est rendu par défaut si l'intéressé est *absent* et non *représenté par un avocat* *. Devant la *justice pénale* * un jugement est rendu par défaut si l'intéressé est *absent* et n'avait pas été touché *personnellement* par la convocation.

Défendeur : Celui qui n'a pas pris l'initiative de l'action devant le tribunal et qui doit se défendre, c'est donc la personne contre laquelle un procès est intenté *.

Dégradation : C'est la situation d'un objet qui est détérioré, abîmé ou endommagé.

Délit : Infraction * jugée par les tribunaux correctionnels *.

Délivrer : Action qui consiste pour quelqu'un à remettre un document à une autre personne.

Demandeur : Celui qui prend l'initiative de l'action devant un tribunal. On dit qu'il « intente » un procès *.

Dépens : Frais entraînés à l'occasion d'un procès (à l'exception des honoraires d'avocat *). Ce sont par exemple : les dépenses engagées pour convoquer les parties * ou pour rémunérer un expert. En général ils sont mis à la charge de celui qui perd le procès.

Dérogation : Exception prévue par la loi à une obligation qui s'impose normalement à tous (exemple : les femmes enceintes sont dispensées de porter la ceinture de sécurité) ou encore exception prévue dans un contrat.

Détenteur : Celui qui dispose d'une chose sans pouvoir pour autant justifier qu'il en est le propriétaire ou même le simple possesseur *.

Détention provisoire ou préventive : Placement en prison, avant le jugement, d'une personne à laquelle il est reproché d'avoir commis une infraction *.

Détourner : Faire d'un bien ou d'une chose un usage ou un emploi différent de celui qui avait été prévu.

Diffamation : C'est le fait d'affirmer quelque chose qui porte atteinte à l'honneur ou à la considération d'une personne ou d'un groupe de personne. La diffamation est un délit *.

Dires : Déclaration écrite par un avocat * et qui prend place dans le rapport d'un expert ou le cahier des charges * d'une vente judiciaire *.

Dissection : Ouverture d'un corps humain pour examiner les organes et tenter de déterminer les causes de la mort.

Dissiper : Faire disparaître un bien. S'agissant d'argent, dépenser follement.

Dommage :

Corporel : préjudice * subi par quelqu'un dans son corps.

Matériel : préjudice * subi par quelqu'un dans ses biens.

Moral : préjudice * subi par quelqu'un dans son honneur ou ses sentiments d'affection.

Dommages-intérêts : Sommes d'argent destinées à compenser le dommage * subi par quelqu'un.

Droit commun : Ensemble de règles juridiques s'appliquant à tous par opposition aux dispositions spéciales s'appliquant à des cas particuliers.

E

Échéance : date déterminée à laquelle un créancier * peut exiger de son débiteur * qu'il exécute son obligation *.

Effet : En matière juridique, l'effet est le moment où une décision ou un acte devient vraiment applicable. Ainsi on dit d'un jugement qu'il prend effet à partir du moment où il s'impose réellement aux parties *.

Effet de commerce : Ce terme désigne des documents bancaires ou commerciaux tels que le chèque ou la traite *.

Émancipation : Acquisition par un mineur de sa pleine capacité juridique lui permettant d'exercer les droits et devoirs d'un majeur avant l'âge légal de la majorité (18 ans).

Emprunteur : Personne qui emprunte de l'argent, c'est-à-dire qui reçoit une somme à titre de prêt. Cette personne devient alors le débiteur * du prêteur.

Enchère : Offre d'acheter un objet à un certain prix dans le cadre d'une vente publique.

Enchérisseur : Celui qui se livre à l'enchère *.

Enquête judiciaire : Recherches effectuées par la police ou la gendarmerie à la demande du procureur de la République * pour faire toute la lumière sur une infraction *. On parle plutôt d'instruction * quand c'est le juge d'instruction * qui ordonne ces recherches.

Exécutoire : Se dit d'une décision qui peut être exécutée immédiatement.

Exploit d'huissier : Ecrit rédigé et porté à la connaissance de quelqu'un par un huissier * pour le compte d'une personne engagée dans un procès.

Exposé des motifs : C'est la partie du jugement dans laquelle le juge explique les raisons de sa décision.

Expropriation : Opération par laquelle une personne est contrainte d'abandonner la propriété de son bien à l'administration (on parle généralement d'*expropriation pour cause d'utilité publique*) ou à une autre personne ou à un groupe de personnes.

F

Faire constater : Démarche effectuée par une autorité à la demande d'une personne, pour garder la trace d'une situation ou d'un fait ; par exemple : l'acheteur qui s'aperçoit du fonctionnement anormal d'un objet neuf peut le faire constater par un huissier * afin de conserver une preuve de ce défaut.

Faire opposition : Exercer un recours * contre un jugement rendu par défaut * (c'est-à-dire en l'absence de la personne qui fait le recours * bien qu'elle ait été régulièrement convoquée).
Ce peut être, aussi, faire une démarche auprès d'une banque pour l'empêcher de régler le chèque qui lui est présenté.

Fait d'autrui : Action ou comportement d'une autre personne.

Fait dommageable : Action ou événement qui provoque un dommage *.

Filiation : Lien juridique entre parents et enfants.

Folle enchère : Enchère à laquelle son auteur ne peut faire face.

Force majeure : Evénement imprévu et insurmontable.

G

Garantie : Obligation d'assurer à quelqu'un l'usage d'une chose ou d'un droit ou de la protéger contre un dommage * éventuel.
Greffe du tribunal : Secrétariat du tribunal tenu par des fonctionnaires (greffiers) chargés de conserver les pièces de procédure * et d'en délivrer des copies. Un double des registres d'état civil y est déposé.
Griffe : Empreinte reproduisant une signature. S'utilise essentiellement pour les commerçants.

H

Habilitation : Autorisation donnée par la loi ou par une décision de *justice * d'accomplir, ou de faire quelque chose.*
Huis clos : Audience * du tribunal qui n'est pas publique.
Huissier (de justice) : Officier ministériel chargé :
- de porter à la connaissance des parties * les actes de procédure * et les décisions de justice *,
- d'assurer l'exécution des décisions de justice *,
- de constater * certains faits ou certaines situations.

Hypothèque : Garantie prise sur un bien du débiteur * (généralement un immeuble) par son créancier * pour s'assurer du paiement de sa créance *.

I

Immunité : Dispense accordée par la loi, d'avoir à se soumettre à certains devoirs ou obligations.
Incapacité : Inaptitude pour une personne d'exercer ses droits soit en vertu d'une loi (exemple : mineur), soit par suite d'une décision de justice * (exemple : malade mental).
Inculpé : Personne à laquelle il est reproché par un juge d'instruction * d'avoir commis une infraction *.
Indemnisation : C'est le fait de réparer un dommage *.
Indemnité : Somme attribuée en réparation * d'un dommage *.
Indices : Signes apparents rendant probable qu'une chose existe, exemple : les indices d'un crime.
Information : Recherche menée par un juge d'instruction * pour déterminer si des infractions * ont bien été commises et par qui.
Infraction : désignation générale de toute action ou comportement défini par le Code pénal * et passible de sanctions pénales *.
Injure : Offense grave et volontaire portée à l'honneur, à la considération ou aux sentiments d'une personne. Désigne en général toute blessure morale.

Instruction : Se dit, en général, des moyens mis en œuvre pour réunir tous les éléments nécessaires à la manifestation de la vérité et permettre au magistrat * de juger en connaissance de cause, par exemple : le juge d'instruction * qui instruit * une affaire est chargé de compléter le dossier relatif à cette affaire de façon que le tribunal puisse juger l'infraction * en parfaite connaissance de cause.

Instruire : Réunir tous les éléments permettant de juger une affaire.

Intenter (un procès) : Faire un procès. Mot ancien qui désigne l'action de saisir * un tribunal pour faire trancher un litige *.

Intérêts moratoires : Intérêts dus par le débiteur * à partir du moment où il est en retard dans son paiement. Ils sont en général calculés par journée de retard à compter de la date où le paiement était prévu.

Investigation : Recherche attentive.

Irrévocable : Décision sur laquelle il n'est pas possible de revenir.

J

Juge des tutelles : Juge du tribunal d'instance * chargé d'organiser et de contrôler les tutelles *, c'est-à-dire la défense des intérêts des mineurs et des malades mentaux.

Juge d'instruction : Juge chargé de rassembler tous les éléments nécessaires à la manifestation de la vérité quand une personne se voit reprocher une infraction *.

Jugement définitif : Jugement que la personne condamnée doit exécuter lorsque toutes les voies de recours * ont été épuisées, soit parce qu'elle a déjà utilisé ces recours, soit parce que les délais ont été dépassés.

Juridiction : Terme général pour désigner l'un quelconque des tribunaux chargés de rendre la justice.

Juridiction civile : Tribunal chargé de juger les affaires dans lesquelles seuls les intérêts privés sont en jeu (tribunal d'instance *, tribunal de grande instance *).

Juridiction pénale : Tribunal chargé de juger les trois catégories d'infractions * :
– les tribunaux de police jugent les *contraventions* *,
– les tribunaux correctionnels * jugent les *délits* *,
– les cours d'assises * jugent les *crimes* *.

Jury populaire : Citoyens tirés au sort (à partir des listes électorales) pour participer au jugement des crimes * dans les cours d'assises *. Le jury est composé de 9 jurés et de 3 juges professionnels.

Justificatif : Document qui sert à prouver une affirmation.

L

Lever : Faire cesser. Exemple : lever une hypothèque *, lever une saisie *.

Lieu de conclusion du contrat : Endroit où est signé un contrat *. Ce lieu figure dans chaque contrat pour permettre de déterminer quel tribunal sera chargé de juger les difficultés contractuelles qui pourraient survenir.
Lois civiles : Ensemble des règles qui précisent les règles de la vie en société entre personnes privées et définissent les conditions dans lesquelles les juridictions * doivent trancher les conflits.
Lois pénales : Ensemble des règles qui définissent les infractions * et prévoient les peines qui y sont attachées.

M

Magistrat : Personne qui rend la justice (magistrat du siège *), ou qui poursuit les atteintes à l'ordre public (magistrat du parquet *).
Mémoire : Document écrit par un avocat * adressé à la juridiction saisie * d'un procès et contenant l'exposé des prétentions d'un plaideur *.
Mesure conservatoire : Mesure ayant pour objet de préserver un droit ou un bien.
Ministère public : Voir « parquet ».
Mise en délibéré : Période qui s'ouvre à la fin des débats, pendant laquelle les juges « délibèrent » avant de prendre leur décision.
Mise en demeure : Demande impérative faite à quelqu'un de faire une chose précise. Cette demande peut se faire par un acte * d'huissier * ou par lettre recommandée, par exemple : mise en demeure de payer une facture en retard.
Modalités d'indemnisation spécifique : Méthodes d'indemnisation * adaptées à un dommage * particulier.
Mutation : terme juridique utilisé notamment pour indiquer qu'un droit a été transmis d'une personne à une autre, par exemple : la vente d'un objet est une mutation. L'expression « droits de mutation » désigne les taxes perçues par l'Etat à l'occasion d'une mutation.

N

Nantissement : Contrat * par lequel un débiteur * remet un bien à son créancier * pour garantir sa dette.
Non-lieu : Décision du juge d'instruction * ou de la chambre d'accusation * selon laquelle il n'y a pas lieu de faire comparaître l'inculpé * pour être jugé.
Notaire : Officier ministériel * chargé de recevoir ou rédiger tous les actes * ou contrats * auxquels les personnes veulent donner un caractère incontestable (authentique *). Il les conserve en dépôt et en délivre * des copies. Dans certains cas la loi rend leur intervention obligatoire ; par exemple : vente d'immeuble, contrat * de mariage, etc.

Notification : Acte d'huissier * destiné à faire connaître une décision à une personne dans les formes légales.

O

Obligation : Terme juridique signifiant qu'il existe entre deux personnes (ou groupe de personnes) une relation par laquelle l'une d'elles doit donner, faire ou ne pas faire quelque chose à l'autre. Par exemple : le débiteur * a une obligation à l'égard de son créancier *.

Officier ministériel (ou officier public) : Personne autorisée à exercer une profession libérale sous le contrôle de l'Etat, par exemple : notaire *, huissier *, commissaire-priseur *.

Opposable aux tiers : Un acte est opposable aux tiers * lorsque des personnes non signataires ne peuvent l'ignorer.

Ordonnance : Décision rendue par un juge unique, par exemple : ordonnance de non-lieu *.

P

Papier timbré : Papier portant la marque du sceau de l'Etat et l'indication du prix de la feuille. Il sert à donner un caractère officiel à certains actes *.

Parapher : Signer de ses seules initiales (paraphe).

Parquet (ou ministère public) : Se dit du service de la cour d'appel * ou du tribunal de grande instance * dirigé par le procureur général *, le procureur de la République * assistés de substituts *. Par extension c'est l'ensemble des juges chargés de réclamer l'application de la loi au nom de la société.

Partie civile : Personne qui provoque un procès pénal * ou y participe pour réclamer la réparation * d'un préjudice * dont elle prétend être victime à la suite d'une infraction *.

Parties : Personnes engagées dans un procès (demandeur *, défendeur *), plus généralement toutes les personnes qui participent à un contrat.

Patrimoine : Ensemble des biens et des droits qui appartiennent à une personne.

Pénal : Qui se rapporte aux peines qui peuvent frapper les auteurs d'infractions *.

Pièces justificatives : Documents qui permettent de justifier l'existence d'un droit que l'on revendique.

Plaideur : Personne qui plaide sa cause dans un procès.

Police : Contrat * d'assurance.

Porter les enchères : Offrir un prix supérieur à celui qu'un autre propose pour l'achat d'une chose.

Possesseur : Personne qui, sans être propriétaire d'un objet, en dispose comme si elle en avait réellement la propriété.

Poursuite : En général, c'est la décision prise par un ou plusieurs particuliers ou par une administration de convoquer quelqu'un devant une juridiction * pour obtenir un jugement contre lui. Le plus souvent on utilise ce terme pour désigner le pouvoir qu'a le procureur de la République * de renvoyer * devant la justice pénale la personne suspectée d'avoir commis une infraction *.

Pourvoi en cassation : Procédure * visant à faire confirmer ou annuler par la cour de cassation * une décision rendue par une juridiction * inférieure en prenant en considération le droit et non les faits.

Précaire : Incertain, provisoire.

Préjudice : Atteinte subie par une personne dans ses biens, son corps, ses sentiments ou son honneur.

Prescription : Délai pendant lequel un droit reste en vigueur (en matière civile) ou pendant lequel les infractions * peuvent être poursuivies et sanctionnées (en matière pénale).

Prescription extinctive : Délai au terme duquel un droit disparaît s'il n'a pas été exercé.

Président du tribunal : Juge qui est à la tête d'un tribunal.

Présomption : Raisonnement selon lequel on déduit d'un fait certain l'existence d'un autre fait que l'on veut prouver, par exemple : il manque 10 000 F dans la caisse d'un magasin et le compte bancaire du caissier se trouve subitement crédité de la même somme. Il y a alors présomption que le caissier est coupable de vol.

Présumer : Considérer comme probable.

Prime : Somme d'argent que l'assuré doit payer à l'assureur en échange de sa garantie.

Privilège : Droit d'un créancier à être payé en priorité.

Procédure : Ensemble de règles à observer pour les formalités à remplir, pour agir devant un tribunal avant, pendant et jusqu'à la fin du procès.

Procédure abusive : Se dit lorsqu'on engage un procès injustifié.

Procédure d'ordre : Distribution entre les créanciers * du prix de vente d'un immeuble saisi. Elle consiste à payer d'abord ceux auxquels la loi accorde les privilèges les plus importants, par exemple : les salariés.

Procès civil : Procès se déroulant devant les juridictions civiles * selon les règles du code de procédure civile *.

Procès pénal : Procès se déroulant devant les juridictions pénales * selon les règles du code de procédure pénale *.

Procès-verbal : Ecrit dans lequel un officier public (huissier * par exemple) décrit les faits qu'il constate.

Procuration : Ecrit par lequel une personne donne pouvoir à une autre d'agir à sa place dans une circonstante déterminée.

Procureur général : Magistrat à la tête du parquet * des cours d'appel * et de la cour de cassation *.

Procureur de la République : Magistrat à la tête du parquet * d'un tribunal de grande instance *. Il veille à l'application de la loi, suit le procès pénal et dirige les policiers et les gendarmes dans les enquêtes judiciaires.

Promesse de vente : Promesse par laquelle une personne s'engage à vendre un bien à une autre personne. Les tribunaux considèrent qu'une telle promesse constitue une véritable vente.

Propriétaire : Personne qui possède un bien, peut s'en servir, en disposer librement, et justifier de ses droits à l'aide par exemple d'un titre de propriété, d'une facture, etc.

Provision : Somme versée à titre d'avance à un créancier *, en attendant de devoir lui verser l'intégralité de sa créance *.

Q

Quittance (ou quitus de dette) : Ecrit par lequel un créancier * reconnaît avoir été payé et donc libère son débiteur * de sa dette.

R

Rapporteur : Magistrat chargé par le président du tribunal * de faire un rapport sur une affaire soumise à sa juridiction *. Dans ce rapport sont recueillies en général toutes les informations utiles au tribunal.

Recollement : Vérification par un huissier * que tous les objets saisis se retrouvent au moment de la mise en vente aux enchères *.

Reconnaissance de dette : Document par lequel un débiteur * reconnaît la dette qu'il a envers son créancier *.

Recours : Procédure * permettant d'obtenir un nouvel examen d'une décision prise par un tribunal.

Référé : Procédure * qui permet en cas d'urgence d'obtenir une décision provisoire d'un tribunal sur un point particulier d'une contestation entre deux parties *.

Rente : C'est une somme d'argent versée à intervalles périodiques ; par exemple : la victime d'un accident peut demander que son indemnisation * lui soit versée sous forme d'une rente.

Renvoyer : Transmettre une affaire à un autre magistrat, ou une autre juridiction.

Réparation civile (ou réparation) : Somme accordée par une juridiction * pour indemniser * une personne d'un préjudice * subi.

Représentation : Obligation légale ou simple nécessité pour une personne de se faire aider pour tous les actes de procédure * par un avocat * ou un avoué * lors d'un procès.

Requête : Demande écrite adressée à une juridiction * pour obtenir une décision de justice *.
Réquisitoire : Arguments développés oralement ou par écrit par lesquels le procureur de la République * demande au juge d'appliquer la loi pénale * à un inculpé *.
Rescision : Annulation d'un contrat * ou d'un acte *, par exemple : vente d'un immeuble qui n'a pas été conclue à un prix raisonnable.
Responsabilité civile : C'est le fait pour une personne d'être responsable et d'avoir l'obligation de réparer le dommage *, généralement sous forme d'une somme d'argent.
Ressort : Zone de compétence d'une juridiction *.
Risque : En matière d'assurance, c'est l'événement contre lequel l'assuré essaye de se garantir.

S

Saisie : Procédure pratiquée par un huissier * à la demande d'une personne sur les biens de son débiteur *. Elle a pour but d'en garantir le paiement.
Saisir le tribunal : Demande faite à une juridiction * de trancher un conflit. En matière civile on parle plutôt d'assignation *, en matière pénale on parle de citation *.
Sanction pénale : Mesure prévue par le Code pénal * qui peut être appliquée aux personnes reconnues coupables d'une infraction *.
Se constituer partie civile : Pour la victime d'une infraction *, cela consiste à demander des dommages-intérêts * devant un tribunal pénal *.
Seing : Signature.
Siège (Juge du ou magistrat du) : Désigne les juges qui *tranchent les conflits* qui leur sont soumis par opposition aux magistrats du parquet * qui *réclament l'application de la loi.*
Signification : Acte d'huissier * qui informe une personne du contenu d'un acte * ou d'une décision.
Sinistre : Terme utilisé par les compagnies d'assurances pour désigner l'accident dont vous êtes victime et dont vous réclamez l'indemnisation * à votre assureur.
Sommation : Ordre écrit donné par un huissier * à une personne de faire quelque chose.
Sommation de paiement : Acte d'huissier * ordonnant au débiteur * de payer la somme qu'il doit à son créancier *.
Statuer : Pour le juge c'est prendre sa décision.
Substitut : Juge adjoint au procureur de la République *.

T

Taux d'incapacité permanente : Evaluation du handicap physique d'une personne qui, à la suite d'un accident, se trouve totalement ou partiellement incapable d'exercer une activité professionnelle ou de vivre normalement.

Terme à échoir : Date à laquelle la pension doit être versée.

Terme échu : Lendemain de la date à laquelle la pension doit être payée.

Terme d'une pension alimentaire : Date fixée par une décision de justice * pour le paiement de la pension alimentaire. On dit aussi échéance d'une pension alimentaire.

Testament olographe : Testament écrit de la propre main de celui qui rédige ses dernières volontés.

Tiers/Tierce personne : Personne étrangère à un acte *.

Titres : Ecrit constatant un acte juridique *, par exemple : titres de propriété.

Traite (ou lettre de change) : Ordre donné à un débiteur * de payer une certaine somme, à une certaine date, à une autre personne dont il est lui-même débiteur.

Transaction : Accord écrit entre deux parties * pour mettre fin à l'amiable * à un litige, grâce à des concessions réciproques.

Tribunal correctionnel : Juridiction * chargée de juger les délits * et éventuellement de se prononcer sur les demandes d'indemnisation * des parties civiles * (c'est-à-dire des victimes).

Tribunal d'instance : Juridiction * chargée pour l'essentiel de juger les procès civils * qui portent sur des sommes inférieures ou égales à 20 000 F.

Tribunal de grande instance : Juridiction * chargée de juger les procès civils * qui portent sur des sommes supérieures à 20 000 F. Cette juridiction est seule à juger des affaires liées à l'état civil, à la famille et aux immeubles.

Tribunal de police : Juridiction * chargée de juger les contraventions * et de se prononcer, s'il y a lieu, sur les demandes d'indemnisation * des parties civiles * c'est-à-dire des victimes.

Tutelle : Assistance et protection juridique des mineurs et des malades mentaux.

V

Valeur probante : Valeur d'un acte ou d'un document comme preuve.

Valeur d'usage : Prix d'un objet calculé à partir de sa valeur à l'état neuf, diminue en fonction de son usure.

Valeur vénale : Valeur à laquelle on peut trouver un acquéreur pour un objet.

Vente forcée : Vente imposée à un débiteur * après une saisie *. Se dit aussi de l'infraction * commise par un démarcheur ou par un vendeur par correspondance.
Vente judiciaire : Vente imposée à un débiteur * par une décision de justice *.
Vente volontaire : Mise en vente d'objets par leur propriétaire.
Verser au dossier : (un document, une pièce, etc.) : inclure dans le dossier.
Voies de recours : Action permettant un nouvel examen d'une décision judiciaire *

Index

Toutes les informations et tous les chiffres contenus dans ce guide sont valables au jour de la parution.

Composition Bussière
et impression S.E.P.C.
à Saint-Amand (Cher), 29 octobre 1982.
Dépôt légal : octobre 1982.
1er dépôt légal : octobre 1982.
Numéro d'imprimeur : 1618.
ISBN 2-07-032232-7. Imprimé en France.

31110